JN123323

文化哲学入門

ラルフ・コナースマン 著

下 田 和 宣 訳

知泉学術叢書 20

Kulturphilosophie zur Einführung

by

Ralf Konersmann

© 2003 Junius Verlag GmbH, Hamburg

Japanese translation rights arranged
through Japan UNI Agency, Inc., Tokyo

目　　次

文化哲学入門

ヴィンスは煙を吐き出し考えた。「おれたちはまわり道できる」

グレアム・スウィフト『最後の注文』

第 1 章

世界の人間化／人間化した世界

————————

　文化とは何かという問いについては，これまでもいろ
いろと言われてきたし，現在でもしばしば話題になるところ
である。文化についての定義は数えきれないし，それに対
する反応もまた相当な量がある。ある定義にすぐ異議が申
し立てられることもある。かと思えば，似たような新しい
言葉に取り替えられて，徐々に移り変わっていったりもす
る。文化という概念は遅くとも古代ローマのキケロの時代
には生まれていたもので，それ以来論争の的であり続け
た。それでもこの概念について，哲学や科学の分野にこれ
まで現れた様々な定義が集められ，1 冊の本にまとめられ
たのは，ようやく今から半世紀ほど前のことであった[1]。
それから現在に至るまでの間にあまりにも多くの定義が現
れてきたので，それらを整理するためには同じくらい大部
の本がもう 1 冊必要なほどだ。

————————

　1)　Alfred Louis Kroeber/Clyde Kluckhohn, *Culture. A Critical
Revue of Concepts and Definitions*, Cambridge/Mass. 1952 参照。

第1節　文化にまつわる様々な概念

事実としての文化

　ところでこのように文化をめぐるアイデアがとりとめなく氾濫しているからといって考えるのを諦める必要はない——このことは一般に認められるだろう。状況はいつも偶然的なものである。だからそのことを無視して，あるときに最終的な形態が達成されたと考えることは，どのような概念についても許されないだろう。それは同じように，ただし特別な仕方で，文化の概念にもあてはまる。文化についての妥当な概念規定を求める努力は，非常に長いこと続けられてきたわけである。そこから明らかなように，課題の難しさはアプローチの方法やその不十分さによるものではなく，むしろ事柄そのもの，その複雑さ，形態の多様さ，特別な与えられ方によるのである。いついかなる場合でも通用する文化の本質は，詳細に定義されることで導き出される。つまりいかなる現象や制度も，それら自身では，何が言葉の本当の意味において文化・・・であるかを教えてくれることはないのである。

　文化の研究に着手するための状況はそれゆえ嘆かわしいわけではなく啓発的なものである。言葉の歴史が持つ蓄積の豊かな多様さが示すのは，意味が変遷する過程から抽出・抽象された諸概念の無時間的な体系なるものはせいぜいのところ統制的理念として存在するにすぎないということ，諸概念もまたみずからの時間的・空間的コンテクストを持ち，まさにそのなかで展開するということである。そのような状況では慎重に検討された言語使用が要求される。カントが時間について述べていたように，文化という概念を一般概念と見なしてはならないのは明らかであ

る²⁾。文化概念は直観的なものを無尽蔵に喚起し，その理念に従って概念が与えることのできる以上のものを常に要求する。まさしくそのために，わたしたちが文化と呼ぶものの総体は概念形式の限界を打ち破るのである。

　文化とは根本概念でもなければ原理でもない。文化概念はむしろ哲学的な――そして哲学的に見てとくに興味深い――記念碑的諸問題の部類に数え入れるべきだ。それらのなかではほんのわずかなものだけが，文字通りの意味でも比喩的な意味でも，確証されているにすぎないと言わざるを得ない。文化はいつも新たに自己自身から現実化されなければならない。というのもベンヤミンがその特徴的なあり方として指摘しているように，文化的なものは歴史を持たないからである³⁾。だとすれば抽象化された一般概念と

<hr>

　2)　「時間は論証的な概念や，よく言われるような一般概念ではなく，感性的直観の純粋な形式である。異なった時間は同一の時間の諸部分にすぎない」(Immanuel Kant, Kritik der reinen Vernunft, 2. Aufl., in: ders., *Werke, Akademie-Ausgabe*, Berlin 1902-1923, Bd. 3, S. 58 (B 47)〔カント『純粋理性批判』上，石川文康訳，筑摩書房，2014年，87頁〕)。

　3)　Walter Benjamin, *Das Passagen-Werk*, hg. v. Rolf Tiedemann, Bd. 1, Frankfurt am Main 1982, S. 583〔「エンゲルスは言っている（マルクス／エンゲルス『フォイエルバッハ論』，『マルクス＝エンゲルス・アルヒーフ』I，リヤザノフ編，フランクフルト・アム・マイン，〈一九二八年〉，300ページ）。「法が，宗教と同様に，それ固有の歴史を持っていないことを忘れてはならない。」法と宗教についていえることが，まさに決定的なかたちで文化についてもいえるのである。階級なき社会の生活形式を文化的に陶冶された人類というイメージに即して考えるなら，筋が通らない」（ベンヤミン『パサージュ論』3，今村仁司他訳，岩波文庫，2021年，「覚え書および資料」「N：認識論に関して，進歩の理論」，断片 N5, 4，223頁）〕参照。文化は「歴史」を「持つ」のではないか，という反論は当然のごとく予想されるし，通俗的には――例えば伝統的教養形成のプロセス，受容過程，諸々の規約などを視野に入れるなら――それは正しくもある。しかしそれらが妥当する諸関係は，それらの妥当性が失われないためには，

しての「文化」なるものはまったく存在しないことになる。あるのはただ多くの出来事と現象，大量の遺産と参照指示，あるいは言葉，ジェスチャー，作品，規則，技術に押し込められた人間の知性と世界編纂の多くの諸形式——すなわち文化的事実（kulturelle Tatsache）として明らかになるところのもの——だけなのである。人間の実践と生産行為のこうした多様性から，文化は絶えることのない揺れ動きに取り込まれている精神と行為の暫定的連関として——それがそうであるところの開かれたコミュニケーション空間として——出現する。

　このように，文化とはいわばその瞬間ごとに作られる実践である。そのため，数多くの専門性の高い学問や制度（宗教，芸術，哲学をはじめ，最近になって創設された文化

いまここにおいて伝承から「引きはがされ」なければならないし，常に新たに現在化され，確証されあるいは変容までされなければならないのである。それゆえ文化の諸対象が，博物館化というコンセプトに従って，「文化財」として定義されるのであれば，それは明らかに簡単すぎる把握であり，文化的なものの歴史性について問うという挑戦に釣り合うものではない。文化の諸対象はそれらの意味を単に自己自身から持つのではない。むしろそこに意味があるということが前提しているのは，これらの対象が受け入れられているということ，それらが「引用」されている，ということである。引用——すなわちベンヤミンが言うところの citation à l'ordre du jour〔ベンヤミン「歴史の概念について」第3テーゼ参照。フランス語の成句としては軍隊用語であり，功労者を呼び出して顕彰するという意味を持つ〕——は言葉のそのままの意味で現在に「襲いかかる（betreffen）」過去を現実化するのである（Vgl. Ralf Konersmann, *Erstarrte Unruhe. Walter Benjamins Begriff der Geschichte*, Frankfurt am Main 1991, S. 52 ff.）。このことを次のように定式化したプルーストは慧眼である。「世界の創造は最初におこなわれてそれっきりというわけではなく，毎日おこなわれているのだ」（Marcel Proust, *Auf der Suche nach der verlorenen Zeit*, Bd. 9, Frankfurt am Main 1973, S.3657.〔マルセル・プルースト『失われた時を求めて 12　消え去ったアルベルチーヌ』吉川一義訳，岩波文庫，2018年，567頁〕）。

学[4]，メディア，とりわけ教育制度，図書館，博物館，アーカイブなど）が求められることになる。ひとは文化の難解な構造を分析し，その具体例を検証済みの型に従って収集・選定し，利用可能なものとして維持するのでなければならない。それらの共同作業が，自分自身を可視化し再生産するという文化に特有の反省的次元を形成している。

文化の隠喩的性格

　文化にとって決定的であり特徴的なのは，そこで受け入れられている物の見方である。文化において，事実（faits）は文化的事実（faits culturels）と見なされる。それ自体として見られた事実はいかなる意味も持たないのに対し，文化的事実は意味を持つ。重要なのは再びカントに倣い，事実的なものが疑う余地なく存しているということ，すなわち対象が「それ自体として」何であるかということに関する理論的規定と，「わたしたちが対象について抱く理念とその合目的的使用となるのは何であるべきか」[5]という関

---

　4)　Hartmut Böhme/Peter Matussek/Lothar Müller, *Orientierung Kulturwissenschaft. Was sie kann, was sie will*, Reinbek 2000 参照。フリードリヒ・キットラーの本（Friedrich Kittler, *Eine Kulturgeschichte der Kulturwissenschaft*, München 2000.）にもまた言及されるべきである。キットラーの本は諸々の関係と立場をかなり粗く要約したものであるが，もっともそれによって間接的に，文化学の古い伝統と体系的に比較するという作業の余地がまだどれほど広がっているかを教えてくれる。Ralf Konersmann, Die kulturwissenschaftliche Herausforderung, in: *Allgemeine Zeitschrift für Philosophie 34*, 2009, S. 137-47 参照。

　5)　この区別は『判断力批判』における感性的描出（Hypotypose）についての有名な箇所（59 節）に見られる（Immanuel Kant, Kritik der Urteilskraft, in: ders., *Werke, Akademie-Ausgabe*, Berlin 1902-1923, Bd. 5, S. 353〔カント『判断力批判』上，牧野英二訳，〈カント全集 8〉岩波書店，1999 年，258 頁以下〕）。カントは換言的認識様態を「象徴的」と呼び，周知の神表象を例に申し立てているように，「擬人観」（すなわち異他的なもの das Fremde を見ることのない，人間的諸特性

係的・実践的規定とを区別することである。この区別はき
わめて啓発的であり，本書で詳しく考察されるべき物の見
方を簡潔に表現してくれる。すなわち文化哲学とは，カン
ト的区別の意味において，実践的な学科・規律なのであ
る。文化哲学は諸々の対象を，あたかもそれらが何かを意
味しているはずのものであるかのように，何かのドキュメ
ントであるかのように，何かの決定を下すものであるかの
ように受け取る。文化が首尾一貫して意味を持つように見
えるのはただ，文化という領域の全体が，意味を別様に転
じさせる隠喩（Metapher）のモデルに従って機能している
ことにのみよる。隠喩はこちら側とあちら側との間に――
区別されたコンテクストとその区別に委ねられたコンテク
ストとの間に――つながりを作り上げる。分離と結合，コ
ンテクストの確証と中断が並存し同時であることを確実な
ものとするのが隠喩の機能である。このことは隠喩の持つ
呼びかけとしての性格から生じてくる。それゆえ隠喩はあ
らゆる文化事象にとって範例的であるが，ただ誰かがそこ
に居合わせながら何かを考えているところでのみ有意味で
あり，実用的なのである[6]。

　文化もまたそのようなものである。わたしたちは文化に
ついて語るとき，そのようないろいろな対象の世界を思い
浮かべている。民族学上の諸々の問題，新聞の文芸欄にふ
さわしい主題，文化政策上で優遇されるテーマ――それら
が文化というあの包括的なものの目に見える側面を形成し
ている。わたしたちはそのなかに文化の全体を認識しなけ

の無意識的な投影）の危険とともに「理神論」（すなわち固有なもの
das Eigene を見ることのない，克服されざる認識限界の宣言）の危険
をも回避しようと望んでいる。

　6)　このことと以下のことについては Andreas Hetzel, *Zwischen
Poiesis und Praxis. Elemente einer kritischen Theorie der Kultur*,
Würzburg 2001, とくに S. 240 以下参照。

ればならない。だとしてもそれはそのものとしては決して
把握可能なものとはならない。人間による行為と世界把握
の要素として認識されなければ，文化の創造，努力，苦労
のすべては無益である。言い換えれば，他者により認めら
れ文化として確証されるのでなければ，誰かに拾い上げら
れ継承されていくのでなければ，それらには意味がないの
である。文化とは密かに現れ出るのを待っているある種の
音響世界（Klangwelt）のようなものである。ある事柄が
文化となるためには，ただ目の前に掲げられているという
だけでは十分ではない。まさにそのときの文化であるため
には，実際にメロディーを鳴り響かせ，かの音響世界を現
実化しなければならない。それにまた，その響きが何事か
を語りかける聴き手も存在するのでなければならない。聴
き手はみずからがそのものとして聴き取った諸々の変奏の
なかでテーマを認識し，メロディーとしての聴覚的瞬間の
系列を，例えば歌曲としての統一を把握し，現実のものと
するのである。

文化の意味と解釈

　同じことが文化のあらゆる形式，あらゆる場合にもあて
はまる。隠喩と同じように，文化的なものもまた，あるも
のを指示しながら，それを超えて別のものをイメージする
ような場合に見出される。指示に用いるものと，そこでイ
メージされるものとの違いのなかにわたしたちがそれぞれ
何に意味を見出し，何に関心を持つかということは潜在的
に根ざしている。意味がある（Bedeutsamkeit，有意味性）
とは，生き生きした経験の物質的な条件にほかならない。
それに意味があることで，ある事実は文化的事実，*fait
culturel* となる。この構造はまた，その意味について反省
的に解釈したいという欲求を刺激する。解釈なくして，言
い換えれば知覚，現実化，説明，批判なくして，教養形成

の制度なくして文化はない。

　ジャンケレヴィッチがアイロニーについて述べていることが文化にまったくあてはまる〔本書第 4 章第 3 節 185 頁〕。それは信じられるのではなく、理解されることを望むのである[7]。このように、文化の現れ方には、迂回（Umweg）が常にある。文化的なものを言葉の多義的な意味において實現する・理解する（realisieren）ためには、文化を創造する行為も、それを知覚する行為もまた、この迂回を追跡し、それらの全範囲に沿って進むのでなければならない。こうした行程のほかに解釈の道筋を決めるものはない。いずれにしても本書では諸概念をとりわけ綿密に吟味する必要がある。解釈するとは、すっかり用意ができていて、あとはただ見つけ出されることだけを待ちわびている何か背後に隠されているものを捜しあてることだ、というイメージが、解釈学に疎い人たちによって流布されているが、そのようなものは放棄されなければならない。解釈は言葉の意味通りに明確にすることではない。解釈による判定は世界の秘密を暴露するようなものではないし、埋没した諸々の起源を目指すものでもない。世界の真なる相貌をいっぺんにわたしたちに対し明らかにしてくれるようなそうした解明が正当化されてしまうのであれば、解釈の実践は制限されたものとなるだろうし、わたしたちの役割はそれによってほどなく終了してしまうことだろう。もっとも近世の思想家たちはそれを実際に期待してもいたのだが[8]。

---

　7)　Vladimir Jankélévitch, Von der Lüge, in: ders., *Das Verzeihen. Essays zur Moral und Kulturphilosophie*, hg. v. Ralf Konersmann, Frankfurt am Main 2003, S. 70-160, この箇所については S. 98。

　8)　ベーコンと同様にデカルトもまた望んでいたのは、方法の道具をすぐさま完成させることであり、『方法序説』の第 4 部と第 5 部で語っているように、自分が生きているうちにその認識の諸可能性を

　しかしこの期待が幻想であるということをわたしたちは
現代に至るまでの間に納得してしまった。そうであるがゆ
えに解釈はその期待をさらにかきたてるのではなく，反対
にその期待が失われたことに対する埋め合わせとして役に
立っている。推定，憶測，補足といった事柄が急場を凌ぐ
べく要請されるのは，エビデンスが——とりわけ「何のた
めに」と「なぜ」という問いへの明証が——必ず欠如して
しまう場合である。期待が標準的な規格を持ち，それが規
則的に確証されているような日常生活において，このこと
は目に映ることがないままに通り過ぎていくだけかもしれ
ない。しかし習慣から外れたものがわたしたちに差し迫っ
てくる生活世界の境界線上ではすでに，わたしたちは推定
のプロセスを発動させなければならない。それはわたした
ちが状況へと入り込むことを助け，次の状況やその次の状
況へと導いてくれる。それはいつもそのように進んでいく
のである。解釈するということは，状況，事柄，対象——
要するに世界——を多かれ少なかれ選択的・包括的・意識
的に解説することである。その実践は意味確定を狙いとし
ているのではない。それは新たな試みが持続的に行われる
ことのうちに恒常性を獲得するような出来事として実現す
る。

背景としての文化

　文化的なものは，それが現れるところでは決してみず
からを明らかにしない。このことは文化的なものにとっ
て基礎であるところの「隠喩的なものの論理」において
決定されている。文化は迂回であると同時に差異の現象で
ある。それは事実と意味の分離に由来する。文化的世界の
諸対象へと取り組むことが特別な配慮を要求するというこ

完全に満足させることであった。

とは，この分野の第一人者であるヘルダーが認識していた
ことであった。18 世紀ではまだ文化（Kultur）はドイツ
語では新しい言葉であり，C を使って〔Cultur と〕書かれ
ていたわけであるが，そのような時代ですでにヘルダー
は「この言葉ほど不明確なもの」も，「それをあらゆる民
族と時代に適用することほど欺瞞に満ちたもの」もほかに
ない，と見なしていた[9]。ヘルダーは諦めではなく，熟慮

---

　　9)　Johann Gottfried Herder, *Ideen zur Philosophie der Geschichte
der Menschheit, Erster Theil*, in: ders., *Sämmtliche Werke*, hg. v. Bernhard
Suphan, Berlin 1877-1913, Bd. 13, S. 4〔ヘルダー『人間史論』1, 鼓常
良訳, 白水社, 1948 年, 28 頁〕. 存在, 精神, 時間, 力, あるいは
歴史といった同等の価値があると見なされる諸概念と文化が比較され
るのは, 直接的に理解を与える明証をそれ自体で備えている全体の直
観がそれについては得られないものを抽象しつつ包括せんとする場合
においてである。つまり「農耕」,「耕し」,「世話」,「洗練化」, まと
めれば存在の cultura に具体的に関わっているものの直観, そこで出
現し, 絶えざる取り組みの必要があるものの直観は抽象することでし
か得られないのである。「魂を耕すことが哲学である」(Cultura autem
animi philosophia est) と, キケロの『トゥスクルム荘対談集』では言
われている。そこでまさに何が要求されているのか, どのようにして
達成されうるのか, あるいはそれどころかそもそも人間的行為の断
片と堆積の何が「残って」おり, 何がさらに新しい作業への動機を
形成しているのか, これらについて申し述べることは, この道しるべ
となる規定がなされて以来ますます困難に, 目に見えて疑わしいも
のとなった。そのようなわけで, 概念そのものが危機に陥り, 今日
に至るまで論争が絶えないまま残されたというのは避けられないこ
とであった。現段階での概念史研究のなかでも傑出しているのは以
下のものである。Joseph Niedermann, *Kultur. Werden und Wandlungen
eines Begriffs und seiner Ersatzbegriffe von Cicero bis Herder*, Florenz
1941: Wilhelm Perpeet, Zur Wortbedeutung von »Kultur«, in: *Naturplan
und Verfallskritik. Zu Begriff und Geschichte der Kultur*, hg. v. Helmut
Brackert u. Fritz Wefelmeyer, Frankfurt/M. 1984, S.21-28; Niklas
Luhmann, Kultur als historischer Begriff, in: ders., *Gesellschaftsstruktur
und Semantik, Studien zur Wissenssoziologie der modernen Gesellschaft,
Bd. 4*, Frankfurt/M. 1995, S. 31-54; Hartmut Böhme, Vom Cultus zur
Kultur(wissenschaft). Zur historischen Semantik des Kulturbegriffs,

（Besonnenheit）を求めているのだが，それは今日におい
てなお失われていない感覚である。というのも概念の哲学
的関係のみではなく，その公的使用もまた——そしておそ
らくそれこそが——問題だからなのである。

　文化とは実際に与えられているものの総体，つまり諸々
の生活形式（Lebensformen）を現実化しながら，それら
についての情報を与える対象，命令，規則の制限された領
域として理解されうる。全体として外的知覚から引き離さ
れているにもかかわらず，文化はやはり自己を客体化する
何か，時間空間的な距離（Distanz）から把握される何か，
一時的であるかもしれないが，そのように対象としてある
ことにおいて理解されうる何かであるように思われる。
　一方でわたしたちは文化をいつでも背後に持っている。
わたしたちはいまだに自由な決意によって文化に取り組
み，それを随意に形作ることができると信じているかもし
れないが，その一方でそれをすでに長きにわたり受け入
れ，わたしたち自身をそのなかへ入れ込んできたわけであ
る。それゆえわたしたちは文化に立ち向かうのでなければ
ならない。そのように理解するなら，背後へと遡ることの
できない無意識的なものとして，文化は知覚のあり方を定
めていると言えよう。物事を見，かつ見えさせるような特
殊なこのあり方が，言ってみれば個人と社会的世界の間に
ある関係なのである。このいつもすでに内面化され受肉さ
れている文化は諸々の伝統によって定義されている。それ
らは集団的観点から何を肯定的に受け入れ，何を不快とす
るかを決定する準拠的世界である。人類を包括する世界市

in: *Literaturwissenschaft - Kulturwissenschaft. Positionen, Themen, Perspektiven*, hg. v. Renate Glaser u. Matthias Luserke, Opladen 1996, S. 48-68; Hubertus Busche, Was ist Kultur? Teil 1, in: *Dialektik. Zeitschrift für Kulturphilosophie, Heft 1*, 2000, S. 69-90 und Teil 2, in: *Dialektik, Heft 2*, 2000, S. 5-16.

民というヴィジョンは，おそらく意識的に導かれたその最
も野心的な形式である[10]。

文化は政治に還元できない

　他方で文化は境界線を引くものである。発展，文明化，
近代化という境界は，内と外とを分割する。自然による境
界とはまったく違って，文化の境界線はみずからによって
設定され，さらにある文化が自己自身について，他の諸文
化について，他の諸文化と自己との関係について描き出す
諸々のイメージを形成する。そのようにしてヨーロッパは
かねてよりみずからのアイデンティティを，非ヨーロッパ
的なものとして自身から分け隔てられたもの——野蛮人，
異教徒，未開人，キリスト教以外の原理主義者——につい
ての経験を通じて定め，ヨーロッパ文化の拡張を文化それ
自体の拡張であると端的に正当化してきたのである。文化
という概念は分割，排除，階層化のための道具となった。
　神学的，法的・政治的，歴史学的，民族誌，生物学
的・人種主義的な諸言説によって担われた自文化の優越性
という意識において[11]，ヨーロッパの文化的拡張は遂行さ
れた。それに困惑した諸々の文化による応答は，危険にさ
らされつつ，それゆえますます深刻に悩みの種となった真
正さの名のもとで生じることとなる。行為と反応との非対
称性——別の水準では行為者と犠牲者，グローバルとロー

　　10）　この主題群にはシュレーツァーおよびとくにゲーテに遡
るところの「世界文学」というコンセプトが加えられるべきである。
Wolfgang Schamoni, »Weltliteratur« - zuerst 1773 bei August Schlözer, in:
arcadia 43, 2008, S. 288-98 参照。
　　11）　この件について基礎的な理解を与えてくれるのは，
Jürgen Osterhammel, Kulturelle Grenzen in der Expansion Europas, in:
ders., *Geschichtswissenschaft jenseits des Nationalstaats. Studien zu
Beziehungsgeschichte und Zivilisationsvergleich*, Göttingen 2001, S.203-
239, とりわけ S. 232 以下。

カルの非対称性に対応している——は歴史を覆っている。
にもかかわらずこれらの思考様式はそうこうしているうち
に交互的に制約されるようになっている。逆説的ではある
が諸々の党派は相互に比較し合うのを常とし，合意に対す
る反対の情念定型のもとにみずからの立場を基礎づける。
言い換えれば，よそよそしいものやそれにアクセスするの
を不可能にしているものに対して付き合うための技術を開
発するかわりに[12]，諸々の派閥は，文化概念を敵対する文
化に対抗するものとして道具化するという戦略的決断を一
律に選択してしまうのである。

　文化概念を闘争概念として誤用することは，世界の分割
を強調し，「身内／よそ者」という文化に特有の弁証法を，

---

　　12)　Kurt Röttigers, Der Verlust des Fremden, in: *Transkulturelle Wertekonflikte. Theorie und wirtschaftsetische Praxis*, hg. v. Kurt Röttgers u. Peter Koslowski, Heidelberg 2002, S. 1-26 参照：それに加えてベルン
ハルト・ヴァルデンフェルスの仕事，とりわけ 3 巻本の研究（Bernhard Waldenfels, *Studien zur Phänomenologie des Fremden* (Frankfurt/M. 1997-1999) を参照されたい。用語法について述べておこう。「他人」，
「よそ者」，「友」は社会的非同一性の理念型を意味している。わたし
のような者，わたしが信頼を置き理解する者が「友」（Freund）と呼
ばれるのに対し，「他人」（Anderer）はわたしのようではない者，あ
る程度の消耗を伴ったとしても，いずれにせよわたしたちが原理的に
接近可能で，信頼のおけるようではない者のことである。「よそ者」
（Fremder）は同様にわたしたちのようなものではない者として，とり
わけ到達不可能にとどまる（これが文化の内部においてよそ者との付
き合いに関する特別な文化が必要である理由である。例えば中立港滞
留権や，カントが言うところの歓待）。最後に「敵」（Feind）とは単
にわたしたちのようではない者であるだけではなく，その存在が——
カール・シュミットが適切な精確さをもってまとめあげたように——
わたしたちの実存をも脅かす者のことである。シュミット曰く，「友，
敵，闘争という概念は，それらがとりわけ身体的な殺害の現実的可能
性に関係し，関係し続けていることによってその現実的意味を保持す
る」（Carl Schmitt *Der Begriff des Politischen*, 6. Aufl., Berlin 1963, S.33
〔シュミット『政治的なものの概念』田中浩・原田武雄訳，未来社，
1970 年，26 頁〕）。

友／敵の政治的対立に従属させることで，否応なしに対立を激化してしまう。話し合うこともできたであろう他者たちから，理解し合うことのできない場所に立つ敵が出てくるのである。誹謗中傷の多彩なレトリックを行使し，このような対立関係をうまくでっちあげることで，文化的なものは政治的なものへと奪われてしまいかねない。政治的なものは，いつも少しばかりややこしい文化の手続きを，すなわち文化に特徴的な迂回という性格を，自身の目的のために使用することを心得ている。文化の概念は政治的なスローガンとしてたやすく誤用されてしまう。それによって，和解不可能な敵対関係が生み出され，他の文化に属する人々の主張する正統性は土台から骨抜きにされてしまうのである。

第 2 節　文化哲学の挑戦

文化概念の 4 つの使用法

これまでの説明から，文化概念の使用法を次の 4 つに区分してみよう。以下の本書の考察もこの概念の四重奏にこだわってみたい。けれども，文化的領域の意味論に関わるこの枠組みに加えて，それらの考察に共通する基本的なポイントについても視野に入れておかなければならない。文化において問題になっている事柄とは「世界の人間化」（Humanisierung der Welt）にほかならない。文化概念の様々な切り口に結びついているものは，高揚感を与えることもあれば，不快感を抱かせるものすらあり，多様である。それでも，それらすべてはこのひとつの定式を指し示しているのである。

まとめてみよう。（1）文化概念はまず記述的（*deskriptiv*）なものである。文化という概念は世界を人間によって作られたものとして特徴づけ，理解可能な習俗，慣習，精神性，象徴的秩序の枠内で自己を生産し再生産する諸形式に注目を与える。この使用法において文化概念は――同様に多義的な[13]――文明（Zivilisation）の概念と接近する。（2）第 2 の文化概念は力動的（*dynamisch*）なものである。文化にとって特徴的なのは，自己から反省的に距離を取る作用を持つことである。文化概念のこの側面は，そうした二重化の性格を顧慮する。物質的次元に反省的次元が付け加わる。それによって文化は自身を継続的に記述するという

---

13)　Georg Bollenbeck, Zivilisation, in: *Historisches Wörterbuch der Philosophie,* hg. v. Joachim Ritter, Karlfried Gründer u. Gottfried Gabriel, Basel/Stuttgart 1971 ff., Bd. 12, Sp. 1365-1379 参照。

(1) の実践を行う。その枠組みにおいて共同生活の規約，
主なイメージ，原則が理解され，再生産されるが，同時に
吟味されもする。近代に特徴的な現象である文化批判とい
う意味での文化哲学は，もともと文化に備わるこのダイ
ナミックな反省の領域に属していた。(3) 第 3 番目のも
のとして挙げられるのは，考古学的（*archäologisch*）な文
脈での使用である。考古学的文化概念は，わたしたちがみ
ずからの生活を営むうえでいつもすでに前提としているよ
うな諸々の条件，伝承と伝統の連関を指し示す。ここで問
題なのは，無意識の領域であり，そこから距離を取ること
ではじめて記述可能となるような深層にある確信と情念の
領域である。文化哲学が集団的な不安や危惧，語られるこ
とのない期待や憧憬に関するこの領野において探査を行う
なら，それは文化の自己啓蒙に役立つ。(4) 最後に挙げ
られる文化概念の性格は，規範的（*normativ*）なものであ
る。というのも文化の概念は，それが諸々の区別を階層秩
序において描写し再構成するだけでなく，その秩序を共同
的に確固たるものとして定めようとするからである。ヨー
ロッパ近代のグローバルな拡大とは，ある文化を模倣しな
がら，そこからの逸脱を図るという世界規模で生じたゲー
ムであった。そこでは，一方で同化への要求と，他方で
「ほとんどおなじもの」[14] が持つ極小の差異まで熱心に問題
化するところのナルシシズムとの間で，ジレンマが抱えら

---

14)　ジャンケレヴィッチは「敵対する兄弟」に彼の神話的元型
イメージを持つこの対立に満ちた連関を最晩年のインタビューにお
いて「ほとんど同じでかろうじて同じでない」（»presque-semblable, à
peine dissemblable«）ものと呼んでいる（in: Libération. 8./9.6.1985 u.
10.6.1985）。ルネ・ジラールが興味深い撞着語法を用いて「ミメーシ
ス的ライバル性」（mimetische Rivalität）について語っていることもこ
れと比較可能である（René Girard, Gewalt und Gegenseitigkeit, in: *Sinn
und Form 54*, 2002, S. 437-54，この箇所に関しては S. 440 および S.
447）。

れることになった。規範的文化概念はそのなかでひとつの
キーワードとなる。議論の絶えないこの領域もまた文化概
念の多彩さへと数え入れられるべきだが，それはあたかも
文化が友か敵かの政治的立場設定をいつもすでに許容して
きたかのような印象を与えるかもしれない。

文化をテーマとすることの難しさ

　しかしそうした特徴が文化のすべてではない。フランス
の数学者であり盛期バロックの哲学者であったパスカルは
すでに，ブルジョワ市民を信用できない俗物と揶揄してい
た。彼によればブルジョワとは，みずからの狭い世界以外
の何も知らないし知ろうともしない輩，馴染みのない街で
しきりに「うちらのところでは」と言い出す輩である[15]。
文化のバリエーションの豊かさと迂回的性格についてパス
カルは読者に同意を求めているわけであるが，文化とはま
さに，制約，拘束性，狭量さの場所であるだけでなく，視
野を広げる場所でもある。そこではまた，お互いを擦り減
らす対立の硬直さ，紋切り型とルサンチマンによる強要が
打破され，偏見の無さ，学習への意欲，好奇心へとそれら
を置き換えることで克服することができるのである。

　文化的なものの意味理解に埋め込まれている諸々の抑圧
や視線を誘導しているものを掘り起こし，それらを導入し
ているもとを探し当て，ルサンチマンの支配に抗うという
こと，それが文化哲学の要求である。そこにはまた，哲学
的思考がかつてより文化に対して抱いていた諸々の自家製
の困難を見極めることも属している。プラトンは『ティマ
イオス』で，「この宇宙がわたしたちと他のあらゆる被造

---

　　15)　Blaise Pascal, Pensées, in: ders., Œuvres complètes, hg. v.
Louis Lafuma, Paris 1963, S. 493-641, S. 640 (Nr. 1000)〔パスカル『パ
ンセ』田辺保訳，〈パスカル著作集 VII〉教文館，1982 年，685-86
頁〕.

ヤン・サーンレダム
《自由学芸を支配するユピテル》1596年

物を包み込んでいる」の
と同様に，唯一の超越世
界が「理性によって認識
可能なすべての生けるも
の」を包括しているとし
た。彼がその考察を哲学
に課したとき，問題が
生じたのは当然であっ
た[16]。

近代において状況とそ
の条件は決定的に変化し
た。人間を主体とする要
求によって，感性的に経
験可能な世界へと目を向
けることはいまや容易と
なってはいる。しかし近代以前には，文化というあり方で
の純粋に人間的な成果を含めて，人間主体による諸々の構
想や作品にはいかなる場も与えられておらず，創造行為は
もっぱら〔神の事柄として〕超越世界に潜在するイデアを
実現することだと見なされていたわけである。〔プラトン
的な〕哲学的イデアリズムはイデアの所在と現象界におけ
るその実効性を証明するよう思考に義務づけた。それに応

---

16)　Platon, *Timaios* 30c-d〔『ティマイオス』種山恭子訳，〈プラ
トン全集12〉岩波書店，1975年，33-34頁〕．このモチーフの粘り強
さを証拠立てているのが，ヘンドリク・ホルツィウスの工房で，ヤ
ン・サーンレダムが1596年に《自由学芸を支配するユピテル》(Jupiter
als Beschützer der Künste und Wissenschaften) というタイトルで制作
した版画である。この版画は石の台座のうえに立つ裸の神を示してお
り，その足元に諸芸と学問とを代表する者が描かれている。『ティマ
イオス』の精神で起草された銘にはこのようにある。「様々な学芸に
よってわたしことユピテルは世界を飾り立て，すべての知恵はわたし
の泉から流れ出る」［強調はコナースマン］。

じて文化の領域は，まさにその世俗世界としての性格のため，偶然的なものとして見なされざるをえず，それゆえなおざりにしてもかまわないものとなったのである。

　人間へと注意を振り向け，人間に関する問題領域に固有の学問分野をひとまず「人間学」として用意したのは，近世哲学の先駆的業績であった。だとしても，文化を軽視する前提は基準として与えられていたままであった。カント以前の哲学は，モンテーニュ，ヴィーコ，ルソーといった孤立した思索者たちによってせいぜいのところ一時的に揺さぶりをかけられるくらいであった。しかも次のような諸々の問いは，哲学に固有の要求に直接応じるものであったにもかかわらず，未決のまま放置されたのである。近代への移行とその移行がなされることで変化した理性と現実との関係はいかに考えられうるか。人間が果たすことは神の創造意志を理念的に続行し，諸々のイデアに潜在する現実を汲み出すこととして理解されうるのか。あるいは，より決定的にラディカルなのは次の問いである。かつて自然であったものをいまや人間が自由に構想してデザインし，随意に形態を与えようとする姿勢は，しばしば近代に特有のコペルニクス的転回であり，抗いがたい進歩の結果であると考えられている。しかしそれがすでに以前から，近代以前の世代とその思考態度との継続として出現していたとすれば，そこで何か人間について質的に新しいものは理解できるのか——これらの問いは近世哲学においては表立ってこなかったのである[17]。

　哲学的イデアリズムの合理性は人間に限定される活動について考えることを避け，文化にはそれ独自の真理があ

17)　Ralf Konersmann, Umweg und Methode. Metaphorische Profile frühneuzeitlicher Subjektivität, in: *Vernunft und Freiheit in der Kultur Europas. Ursprünge, Wandel, Herausforderungen*, hg. v. Ralf Elm, Freiburg i. Br. 2006, S. 219-44 参照。

り，文化に対し文化によって基礎づけられうるのだという
主張を拒否しなければならなかった——本書は哲学の自己
理解に関わる根本的な問いを深める場所ではないので，文
化哲学への入門という目的のためには，このことを確認す
るだけで十分である。環境に対する世界の自律化，自然に
対する文化の自律化というテーマは近代においてさしあた
り周縁にとどまり，長い間体系的な一貫性を欠いていた。
19世紀においてイデアリズムを転倒させようとした人々
でさえ，イデアの天というモデルに原則的につなぎ留めら
れていた。彼らもまた事物の真の本質を諸現象の実証性に
——言い換えれば，文化の現象世界に——対置しようとし
た。今日に至るまで，そのような説明の戦略に関する合
理性が基づいているのは次のような仮定である。つまり，
様々な現実が溢れかえっている様子こそ，わたしたちが文
化と呼ぶものであるが，それらは正しく解明されるなら唯
一の基礎的なリアリティの表現として明らかになるだろう
し，そのような「基礎」——進化，リビドー，経済——を
もとにすれば文化を説明し尽くすことができるはずだ，と
いう仮定である。文化は「上部構造」のようなものとして
平板化される。つまりすでに以前より宗教に対して与えら
れていた啓蒙主義的な批判が，まさにここで文化について
繰り返されようとしているように思われる。それは文化を
最も外面的なものへと還元することである。アドルノが平
凡さに対し嘲笑しつつ定式化したところの「下にあるも
の」[18]がそれである。

---

18)　テオドール・W・アドルノの1954年1月18日付トーマス・
マン宛書簡（in: *Theodor W. Adorno - Thomas Mann. Briefwechsel 1943-
1954*, hg. v. Christoph Gödde u. Thomas Sprecher, Frankfurt am Main
2002, S. 134）。アドルノは，誇張の権利についての自身の叙述（Minima
Moralia. Reflexionen aus dem beschädigten Leben, Aphorismus 82; in:
Gesammelte Schriften, hg. v. Rolf Tiedemann, Frankfurt am Main 1997,

絶対的な本質把握を諦めること

　世界の現実存在からぬき取ることができてはじめて，本
質の把握もまた可能となる。人間的なものの地平を越えて
問うというこの形而上学的な慣習からまさに，文化は滑り
落ちていく。そこにある世界の諸現象は具体的な感覚を
持っているはずである。文化に向かい合う者はそれを追求
するために，絶対的なものという基準を放棄しなければな
らない。もっとも，本質直観のイデアリズムを回避するこ
とで，それが保証してくれるはずの諸々の成果も手放さ
れることになる。それでも，「純粋な明証を手に入れるこ
と」[19]が不可能であるということを心の底から納得せざる

Bd. 4, S. 143 以下参照〔アドルノ『ミニマ・モラリア――傷ついた生
活裡の省察』三光長治訳，法政大学出版局，1979 年，187-90 頁〕）を
昔からの知人であったひとりの読者――トーマス・マン――に問い合
わせている。この読者はすでに 1946 年に『ミニマ・モラリア』の原
稿を読んでおり，軽く抑制しながら賛辞を伝えている。アドルノの弁
証法的な熟達さを活用することのできない文化理論はこうした粗暴さ
を越えて社会学主義の深淵へと落ち込んでいく。そのようにしてテ
リー・イーグルトンは，彼が文化制作そのものの自律性について争い，
もっぱら「集合的に理解されるやり方」のみを妥当させようと望むと
き，カルチュラル・スタディーズとその文化概念に賛同してみせる
（Terry Eagleton, *Was ist Kultur? Eine Einführung*, München 2001, S. 75
〔イーグルトン『文化とは何か』大橋洋一訳，松柏社，2006 年，126
頁以下〕）。こうした文化的なものの社会学において文化をトリヴィア
ル化することは既定路線である。文化の「内容」ではなく「それを指
示するもの」（同上）が問題なのだとイーグルトンは確言する。

　19)　Hans Blumenberg, Anthropologische Annährung an die
Aktualität der Rhetorik, in: ders., *Ästhetische und metaphorologische
Schriften*, hg. v. Anselm Haverkamp, Frankfurt am Main 2001, S. 406-31,
この箇所に関しては S. 410 と S. 412 を見よ〔ブルーメンベルク「修
辞学の現代的意義――人間学のアプローチから」『われわれが生きて
いる現実――技術・芸術・修辞学』村井則夫訳，法政大学出版局，
2014 年，134-38 頁。例えば「修辞学」とは「明証性が欠けていると
ころでの対処法を提供するもの」（136 頁）である，とブルーメンベ
ルクは言っている〕。

を得なかった後で，果たして人間には何が残されているの
かと問うことから，文化に対する哲学的な関心は生まれて
くるのである。文化に対して哲学的に取り組むことは，究
極的な認識の確実性への期待に結びついたかの還元主義的
な図式を放棄し，文化的世界の偶然性——それはしかしそ
の世界の富でもある——に直面せんとする心構えを前提す
る。

　まさにこの態度こそが文化を機能連関として把握できる
ようにしてくれる。それは存在や歴史といった抽象化され
た次元で動き回る何かメタ的なテーマとして考えられるべ
きではない。そのような周知のやり方は，概念的・体系的
ヒエラルキーを自分で打ち立てながら，そのヒエラルキー
に基づいてあらゆる認識活動を整除してしまいかねないだ
ろう。哲学的に考えて文化概念はまったく別様に理解され
なければならない。文化という世界において，わたしたち
は諸々の事物に，意味のあるものとして出会う。文化概念
はその世界のアプリオリな構造を描き出す。それによって
ヒエラルキーのかわりに開放的かつダイナミックな指示連
関が姿を見せる。それゆえに哲学的に文化に関わる者は，
現象と表面的なものへと入り込まなければならないのであ
る。

　ヴィーコの功績
　ここで問題となっている事柄は，18 世紀前半にイタリ
アの哲学者ジャンバッティスタ・ヴィーコが適切な明晰
さをもってすでにはっきりと示していた。本書の第 2 章
で，文化哲学の歴史を見るときに詳しく示そうと思うが，
ヴィーコが要求したのは世界との哲学的な関係づけを拡張
することであった。この拡張こそ文化の問題を見て取るた
めに決定的だったのである。哲学者たちの注意は時間を超
越した自然の世界（mondo naturale）に限定されるのが慣

例であった。だがいまや，これまでおろそかにされてきた
諸民族の世界（mondo civile，文明世界）に向かうべきだ
とヴィーコは語る。とりわけこの認識への期待は，人間が
この世界を——他の諸々の世界と区別して——みずからの
手によって創造したことから，ますます大きくなってい
る，とされる[20]。ヴィーコは文化哲学という概念をまだ知
らなかったし，文化という言葉のかわりに mondo civile と
いう語を用いていた。それでもやはり，彼はすでにして，
文化的なものの迂回的性格へと注意を喚起していた。つま
りヴィーコにとっても，人間が自己自身を理解するのは，
もっぱら外的世界と，人間を取り巻き，人間の世界を調整
している諸対象との関係においてであると理解されていた
のである。同じ箇所でヴィーコはこのことを「眼」に喩え
ていた。眼は「自己自身を見やるために鏡を必要とする」。
この関係づけは facta bruta，すなわち生のままの事実の実
証性を揺るがすものであった。それ以来，外的諸対象を見
て取るにしても，自然物としてのその様相においてだけで
はなく，それが持つ意味において，そして「文化的事実」

---

20)　Giovanni Battista Vico, *Prinzipien einer Neuen Wissenschaft über die gemeinsame Natur der Völker*, hg. v. Vittorio Hösle u. Christoph Jerman, Bd. 1, Hamburg 1990, S. 143, S. 331〔ヴィーコ『新しい学』上，上村忠男訳，中公文庫，250 頁。邦訳者の上村は il mondo civile を「国家制度的世界」と訳している。「すなわち，この国家制度的世界はたしかに人間たちによって作られてきたのであり，したがって，それの諸原理はわたしたちの人間の知性自体の諸様態の内部に見いだすことができる」〕。自然を考察する者は無時間的に妥当する，均一な法則連関に関わるが，文化を考察する者は変化と多様性に関わる。このことはまた——もちろん価値評価のアクセントの推移を伴ってはいるが——ヴォルテールの確信でもあり（Voltaire, *Essai sur les moeurs* [III, 197], in: ders., *Œuvres complètes*, hg. v. Louis Moland, Bd. 13, Paris 1878, S. 182 参照），近代における自然科学と精神・文化科学の自己理解の差を基礎づけている（*Geisteswissenschaften heute. Eine Denkschrift von Wolfgang Frühwald u.a.*, Frankfurt am Main 1991 参照）。

（faits culturels）として，言い換えれば人間にとっての事実であるものを見据えることが課題となっているというわけである。

　ヴィーコを積極的に受容する人たちであっても，その文化哲学的遺産を積極的に見ようとはしてこなかった。ヴィーコに対する関心は概して，先駆的ではあるが，あまりにもイメージに頼り過ぎた歴史理論家という面に集中していたのである。彼の文化哲学的意義はこうして強引に縮減されてしまう。そもそも，概念史研究上の所見から明らかになるように，文化哲学という概念自体，その黎明期には哲学的伝統から直接にではなく，その外から提起されたものであった。この事実もまた，文化哲学の哲学的意義が概して少なく見積もられることと結びついていると言えよう。

ゼンパーが見た万国博覧会

　はじめて文化哲学について語ったと一般的に見なされるのはゴットフリート・ゼンパー（Gottfried Semper, 1803-1879）であるが，彼は哲学の専門家ではまったくなく，建築家であり建築芸術の理論家であった。1851 年，ゼンパーはまさにロンドンの万国博覧会でお目見えした，素材と素材加工のかの様々な革新について，とりわけそのあり方そのものの革新について考察していた。ゼンパーはロンドンから次のように書き送っている。芸術，産業，科学が要求されているのは，「かの諸々の文化哲学的な問い」を立てることであり，それらの問いは「そのように途方もなく膨大なコストが投入されたこと」がどのように正当化されるのかという「本来的なテーマ」[21]に属している，と。

　21）　Gottfried Semper, Wissenschaft, Industrie und Kunst. Vorschläge zur Anregung nationalen Kunstgefühls, in: ders., *Wissenschaft,*

　この注釈は正確に読まれなければならない。クリスタ
ル・パレスの構造は，時代の「達成」を広く目に見えるか
たちで証明するものであり，当時すでに伝説であった。ゼ
ンパーはそれにいたく感激する。その点で彼はフランシ
ス・ベーコンの路線を踏襲する者である。ベーコンはすで
に近代の幕開けにおいて，第一人者として諸学問を──コ
ンパス，火薬，印刷術といった科学的な世界変革の潜在的
可能性も含め──文化の成果として，また社会全体の進歩
を保証するものとして記述していたのである[22]。しかしな
がらゼンパーの定式が同時に示唆しているのは，印象深く
目の前に現れた科学産業的に制作可能なものの増大が彼を
満足させたのではないということである。この反省が彼の
立場の新しさについて，とらわれることのない視座を提供
してくれる。文化哲学的課題として彼が理解していたの
は，産業が新たに生産可能であるものを，芸術を基準とし
て測定しながら，同時に新たなテクノロジーへと開かれつ
つ近代化するということを芸術の役割として認めるという
試みであった。
　このような立場は当たり前なものでは決してない。ゼン
パーは芸術と科学の両陣営に行き渡っていた，芸術と工業
製品との間に隔たり，それどころか敵対関係を見る常識
を，埋め合わせることなく破棄することにためらうことが
なかった。半世紀ほど前，ゲーテはなお芸術と手芸品につ

Industrie und Kunst und andere Schriften, hg. v. Hans M. Wingler, Mainz/
Berlin 1966, S. 27-71, ここでは S.28。

　22)　『ノヴム・オルガヌム』第 85 番アフォリズム（第 1 巻）で
ベーコンは，芸術と工芸品が同時代人の発達状況へ──»ad eam quam
nunc habemus culturam«──と達するまでに，どのくらいの時間が経
過しなければならなかったかということに対する彼の不審の念を表現
している（Francis Bacon, *Neues Organon*, hg. v. Wolfgang Krohn, Bd. 1,
Hamburg 1990, S. 182〔ベーコン『ノヴム・オルガヌム（新機関）』桂
寿一訳，岩波文庫，1978 年，137-38 頁〕）。

いての伝説的な論文において「極端に推し進められた機械
仕掛け」と新興の「工場製品」から「とどまることなく」
突き進む「真なる芸術」の「没落」を読み取っていた[23]。
それに対してまさにゼンパーは芸術と科学の連帯によって
生産発展と生活形成の新たな可能性を期待していた。実際
に彼はロンドン万国博覧会のメッセージを，技術と産業が
まさにいま，革新能力において芸術および文化と同等の価
値を持ち始めたという点に見ていたのである。この解放と
ともに文化概念は束の間にそのあらゆる一連の問題を拭い
去ったかに見えた。対概念の硬直した図式から離れること
ではじめて，文化は社会全体の，芸術と生き方，科学と産
業を統合する，人間による世界形成のプロジェクトのため
の合言葉となった。

ボードレールが見た万国博覧会

ゼンパーのこのヴィジョンが持つ枠組みでは，文化哲学
は節度ある思慮深さという，批判的公衆によって担われる
べき一種の制度化された態度として機能していた。万博を
訪れたもうひとりの人物も，そうした態度の転換が人々に
熱望されている様子を目撃し，強調していた。1855 年の
ボードレール（Charles Baudelaire, 1821-1867）である。彼
もまた，自身がパリで訪れた万国博覧会を時代の典型と理
解する。それが体験されるべき価値を持つことはこのとき
にはまだ完全に疑う余地のないものであった。世界の諸現
象をたったひとつの場所へと感覚に訴えるようにして収集
することで，この充満に耐えてみせよという挑戦が訪れる

---

23) Johann Wolfgang Goethe, Kunst und Handwerk, in: ders.,
Sämtliche Werke in Epochen seines Schaffens, hg. von Karl Richter,
München 1986, Bd. 4.2, S. 118-21, この箇所については S. 120〔ゲー
テ「美術と手工」『ゲーテ芸術論集』谷川徹三訳，福村書店，1948 年，
206-10 頁〕。

公衆に対して生じる。その挑戦に応ずるための新しい態度
を，ボードレールは「世界市民的」と呼んでいる。万博の
観覧者にはいまや，何か秘密めいた性格を備えた「自己自
身における変容」が要求されている，と彼は説明してい
る。「この見慣れぬ花を咲き誇らせたかの世界に自身が参
与しているのだということに，意志の作用のもとで，彼は
おのずから思い至るはずである」[24]。

　習慣的なものとは明らかに食い違うことで即座の理解を
越え出てしまう新しいもの・他なるものに参与すること
は，新しい文化的態度の根底にあるはずの解釈の掟を示唆
している。文化を理解するとは，想像によって異郷を旅す
ることである。すでにパスカルによって導入されていたト
ポスに従いながら（本書 19 頁），ボードレールもまたその
ようにイメージ豊かに語っている。最初の苛立ちと骨の折
れる「適応」のプロセスは，訪れる者のもとで「新しいイ
メージからなる完全な世界」を呼び起こす「共感」の獲得
によって，最後には報われるのだ，とボードレールは解説
している。あらかじめ備えていた諸々の信念を越えて文化
的態度は観覧者に，「それ以後自分自身に備わる構成要素
であり，追憶というかたちで，その死に至るまで寄り添
い続ける」世界を開示する。「そのアカデミックな眼」に
とってさしあたり「憤り」であったものは，「ゆっくりと
入り口を見出し，忍耐強くそこへと浸透していくだろう。
あたかもアロマに満ちた風呂の蒸気のように」[25]。

---

　24)　Charles Baudelaire, Die Weltausstellung 1855. Die schönen
Künste, in: ders., *Sämtliche Werke/Briefe*, hg. v. Friedhelm Kemp u.
Claude Pichois, Bd. 2, München/Wien 1977, S. 227-53〔「一八五五年の
万国博覧会，美術」中山公男・阿部良雄訳，〈ボードレール全集 4〉
福永武彦編，1964 年，93-116 頁〕，この箇所については S. 228 以下
〔93 頁以下〕。

　25)　Ebenda.〔同上〕

　この大胆なイメージは何か前例のないものを暗示するとともに，ここで要求されている成果が強制的に課してくる事柄についても示唆している。物の見方の好みの違いにもかかわらず，ここで引用した〔ゼンパーとボードレールという〕2 人の目撃者たちは，文化の諸現象へと開かれることが，あらかじめ備えていた信念を揺るがし，それどころかそのような信念を飛び越えていくという点で互いに意見を一致させている。文化はひとつの経験であると同時に，ある種の成果を要求するものとなった。それは新たな文化に対処しようと望む人々に，受け継がれてきたすべての信念の点検と決算を求めるのである。それと対応して文化的態度は対象と距離を置く立場とともに，自己に対して距離を置く立場，つまりエポケーの立場をも包含する。それでもこの変容は，ただ個人の意志的努力の産物であることとはかけ離れていて，外的状況によって挑発されもするし，満たされもする。その変容は，純粋芸術の要請にも，産業革命の性急な進歩の約束にも従うものではない。精神性の変化を記述しながら，ボードレールはむしろこれら両極の統合に狙いを定めている。実際にわたしたちが彼らのもとで出くわすのは，19 世紀半ばにおいて，それ以前にもそれ以後にもありえない強度を持って追求された，美学的，産業的，技術的最前線の統一という夢なのである[26]。

近代の経験と文化哲学の成立

　半世紀の後に文化哲学という概念を引き受けた専門哲学者たちのように，ゼンパーやボードレールもまた，まだほとんど彼らの語彙の内にはなかった文化哲学という概念

---

　　26)　*Art social und art industriel. Funktionen der Kunst im Zeitalter des Industrialismus*, hg. v. Helmut Pfeiffer, Hans Robert Jauß u. Françoise Gaillard, München 1987 参照。

を，生き方と世界像を包括する全体的革命と定義された近
代的要求への然るべき反応として理解した。それでも〔科
学と芸術のこの〕統合の試みが挫折したということを，わ
たしたちはすでに見て知っている。すぐさま広がっていく
「科学的世界観」〔本書第 3 章第 1 節参照〕とは，光り輝く
もともとのヴィジョンが内蔵していた闇の部分であるにす
ぎなかった。世紀半ばの陶酔的な時代のパノラマを貫いて
いた期待は，続く世紀の破局に直面することで完全に消え
去ってしまったのであり，文化はみずからが生み出すもの
の怪物的性格によって自己自身に敵対しているのではない
かという批判的な見方に屈したのであった。

　このような独特の始まり方を踏まえれば，文化哲学の発
展が自立した学問分野としてはもっぱらためらいがちなも
のとして出現したことも驚くことではない。文化哲学史に
ついての決定版は今日に至るまで存在していない[27]。だと
しても，20 世紀初頭にその体系的展開の主要な諸要素が
集中的に出現しているということに異論は出ないであろ
う。哲学史的に見れば 20 世紀は「最初期に負担がかかっ
た」ものであり，またその重要さがどれほどのものであっ
たかということについてヘニンク・リッターは考察してい
るが，文化哲学の発生を考えてみればそれも説得的なもの
となる。すでに世紀転換期のすぐ後で，最も重要な諸々の
キーワードとともに，中心となる議論に道筋を示したかの

---

　27)　カール・レーヴィット（Karl Löwith, *Mein Leben in
Deutschland vor und nach 1933. Ein Bericht*, Frankfurt/M. 1989, S. 113 f,
143〔レーヴィット『ナチズムと私の生活──仙台からの告発』秋間
実訳，法政大学出版局，1990 年，184 頁以下，232 頁。レーヴィット
はこれらの箇所で 1937 年にシュプランガーが日本各地で行った「文
化哲学」的講演について言及している〕）やレイモンド・クリバンス
キ（Raymond Klibansky, *Erinnerung an ein Jahrhundert. Gespräche mit
Georges Leroux*, Frankfurt/M./Leipzig 2001, S. 91 ff.）のような時代の
証言者たちの追想録がますます重要になっている。

著者たち——フッサール，ベルクソン，ジンメル，デュー
イ，カッシーラー，ウィトゲンシュタイン，ハイデガー，
ベンヤミン——の主著は出そろっていたのである。

　それに加えて，20世紀の危機と実際の歴史経験が，文
化の類例のない動揺として経験された。ヴァレリーが第一
次世界大戦終結の数日後に書いたように，これほどの短期
間にこれほど多くの人間が死ぬためには，疑いもなく多く
の知恵が必要であった。しかも戦争のからくりへと文化の
諸勢力が巻き込まれていくことを直視するなら，学問の
「倫理的要求」はもはや「致命的なまでに打撃を受けて」
いる。これらの洞察は最も反響のあった時代診断のひとつ
である[28]。このような出来事や洞察は文化哲学にとってか
つてない経験となったに違いない。時代の苛立ちが哲学を
覆い尽くし，ゼンパーの世代によって広められた楽観主義
を劇的な状況のもとに打ち消した。それを目の当たりにす
るなら，文化哲学がそれから20世紀後半に至るまで論争

　28)　Paul Valéry, Die Krise des Geistes, in: ders., *Werke*, hg. v.
Jürgen Schmidt-Radefeldt, Frankfurt am Main 1989 ff., Bd. 7, S. 26-54
〔ヴァレリー「精神の危機」『精神の危機　他十五篇』恒川邦夫訳，岩
波文庫，2010年，7-53頁〕，この箇所についてはS. 29〔「何千人もの
若い作家，若い芸術家が死んだ。ヨーロッパ文化という幻想がはじ
け，知識では何も救えないという知識の無力が証明された。科学はそ
の心的野心において致命的な痛手を負ったし，その応用の無残さにお
いて，言わば辱めを受けた」邦訳12頁〕。この経験印象の重みと残
響を追うためには，科学の理想化とこの間に一般的に広められたその
文化形成上の潜勢力を思い浮かべてみなければならない。1914年以
前の「科学的世界観」の影響力については Hermann Lübbe, *Politische
Philosophie in Deutschland. Studien zu ihrer Geschichte*, Basel/Stuttgart
1963, S. 127-72〔リュッベ『ドイツ政治哲学史——ヘーゲルの死よ
り第一次世界大戦まで』今井道夫訳，法政大学出版局，1998年，
123-69頁〕と Jochen Zwick, *Akademische Erinnerungskultur, Wissen-
schaftsgeschichte und Rhetorik im 19.Jahrhundert. Über Emil Du Bois-
Reymond als Festredner*, in: Scientia Poetica, Jahrbuch für Geschichte der
Literatur und der Wissenschaften 1, 1997, S. 120-38.

の的であったことは驚くべきことではない。文化哲学は，
まず絶望と憤懣に駆り立てられた文化的悲観主義によって
悪名を着せられ，それから「血と土」体制に属するアカデ
ミアの増援部隊によって強引に我がものとされ[29]，終いに
はメスキルヒの偉大な思想家[30]とフランクフルト出身の批

---

29)　精神を政治的に占拠するこの行為を訴えかけるように証言
しているのは，雑誌『ロゴス』の運命である。リヒャルト・クロー
ナーによって決定的に軌道に乗せられたヴァイマール文化学のフォー
ラムは 1910 年にまず『文化哲学のための国際誌』という名で公刊さ
れた。『ロゴス』が当初試みたのは，「文化の哲学とその生命性との間
の連関」を媒介することであり，「そしてそれ自体で新しい文化を創
造することである。国家的・国際的課題をそれはみずからに立てたの
である」。1933 年まで 22 巻がこのモットーのもとで出版され，ロシ
ア，リトアニア，ハンガリー，イタリアで並行する事業が立ち上げら
れた。ナチスの「権力掌握」がこのプログラム的試みに終わりをもた
らした。文化哲学はこの時から「ユダヤ的・自由主義的解決の学派」
と見なされるようになった（Löwith, *Mein Leben in Deutschland*, a.a.O.,
S. 143〔レーヴィット『ナチズムと私の生活』232 頁〕および S. 113
以下〔184 頁〕を見よ）。それと並行してこの学問分野は「ドイツ的」
という属性とともに理解され，名誉を毀損する仕方で部分的に復興し
た。雑誌が最終的に廃刊された 1944 年まで，1933 年から今度はヘル
マン・グロックナーとカール・ラレンツによって編集された「新しい
シリーズ」で『ドイツ文化哲学誌』として出版されていた（Rüdiger
Kramme, Logos 1933/34. Das Ende der »Internationalen Zeitschrift für
Philosophie der Kultur«, in: *Rechtstheorie 27*, 1996, S. 92-116; ders.,
»Kulturphilosophie« und »Internationalität« des *Logos* im Spiegel seiner
Selbstbeschreibungen, in: *Kultur und Kulturwissenschaften um 1900*,
hg. v. Gangolf Hübinger, Rüdiger vom Bruch u. Friedrich Wilhelm Graf,
Stuttgart 1997, S. 122-34; 上記の引用は同書 S. 127）。

30)　ハイデガーは文化哲学とその問題に対して無関心を装って
いたわけだが，それは本当にそうだったのか。文化哲学に対する彼の
攻撃の苛烈さを考えれば，そのような疑いももっともである。ともあ
れハイデガー流の批判もまた教えるところの多いものである。1929
年におけるダヴォス討論の開始直後で，ハイデガーは文化哲学の「発
生」について「本当になお何が認識の全体において哲学に残っている
のかという問いに関する哲学の困惑」から説明している。そのとき，
とりわけ決定的な点において，ハイデガーは文化哲学〔つまりカッ

判者たち[31]により軽蔑の念をもって断罪されたのである。

文化哲学のステータス

　これらのもつれ合いが考慮されず学問分野の名称として純粋に受け取られたとしても，文化哲学は多義的であいまいな現象として現れてくる。多くの人はそれを，とくに文化的諸現象に取り組む哲学的実践として難なく理解されると思いたがっている。そのような合意は一定の人気を博している。というのもそれは手っ取り早くわかりやすいという先入見を保証してくれるからであり，どんなときでも

シーラー〕自身よりも文化哲学のことをよく理解している。この困惑に思いを馳せるとき，文化哲学的な「理解」へと光が投げかけられるのである。そこからまた文化哲学的要求と〔ハイデガーの〕基礎的存在論を分かつものも明らかとなる。理論認識に確実性を与えるとともに，普遍的なものを「世人」へと格下げさせたままにしているものを把握し，理論的に彫琢するというのが，〔カッシーラー的な〕文化哲学の要求なのである。Davoser Disputation zwischen Ernst Cassirer und Martin Heidegger, in: Martin Heidegger, *Gesamtausgabe*, 1. Abt., Bd. 3, Frankfurt/M. 1991, S. 274-96〔『カントと形而上学の問題』門脇卓爾・ハルトムート・ブフナー訳，〈ハイデッガー全集3〉創文社，2003年，264-84頁。および『ダヴォス討論（カッシーラー対ハイデガー）──カッシーラー夫人の回想抄』岩尾龍太郎・岩尾真知子訳，《リキエスタ》の会，2001年〕参照，この引用は S. 274〔264頁〕。それに加え，*Cassirer – Heidegger. 70 Jahre Davoser Disputation*, hg. v. Dominic Kaegi u. Enno Rudolph, Hamburg 2002.

　31）　文化哲学とその代表者に対し，ホルクハイマーとアドルノはハイデガーと似たようなかたちで反応している。つまり故意の見落としである。カッシーラーを厳密に終始無視し続ける様子には驚かされる。その態度は最初の好意の後で了見の狭い嫉妬をもとに，つまりホルクハイマーの願望に基づいて正式に決定されているものであると言わざるを得ない（Max Horkheimer an Adorno, 25. Oktober 1934, in: ders., *Gesammelte Schriften*, hg. v. Gunzelin Schmid Noerr, Frankfurt/M. 1995, Bd. 15, S. 253 参照：それに対するアドルノの応答は，1934年11月2日（Ebenda, S. 261）ともう一度1935年5月13日（Ebenda, S. 350）に見られる）。

ちょうどいい引き出しを準備してくれて，小難しい考え方
が持つ無理な要求によって誰かを脅かすということがない
からである。とはいえこのイメージには慎重になるべき少
なくとも2種類の事柄があるように思われる。ひとつに
は，理論的作業の枠内で明確に境界が確定された文化領域
なるものがすでにして存在しているはずで，それゆえこの
領域へと哲学的に関係するもののすべては，まさにそれゆ
えに文化哲学として見なされなければならない，という期
待がある。けれども文化哲学（Kulturphilosophie）は，文
化の哲学（Philosophie der Kultur）とは別のものである。
それは〔つまり哲学のひとつの応用に過ぎないような〕文
化の哲学よりも独自のものなのである。ところで，文化と
並んで他の，いわば文化的に中立的な事象が置かれて然る
べきで，それだから哲学の全体はいまや安心して関連する
主題領域と隣接分野の基準に従って分業的に仕事を割り振
られ管理されうる，と信じることも問題のない仮定である
とは言えない。専門的な管轄へと委託するやり方は，実際
には暫定的な方向づけの枠組み以外にはもはやありえない
ので，無理矢理に仕事を割り振るのでは，学問はイレギュ
ラーなものに仕立てあげられ，それが持続してしまうとい
う結果になる。

　それゆえ以下でわたしは文化哲学の分類管理上の関係で
はなくその哲学的関係を考察することにしたい。そこで前
提となるのは，哲学の諸分野は，それゆえ文化哲学もま
た，分割された諸対象の取り組みに排他的に制限されたま
まの，きれいに区画化された特殊領域を標識づけるもので
はないということである。反対にそれらは専門分野に見合
う諸表出として理解されるべきである。哲学史家であれば
おそらく，それらはモナドとして理解される，などと定式
化するだろう。哲学の諸分野は，各々それ自体で，哲学的
対象世界の全体をそれらの特化した体系的パースペクティ

ブのまなざしから開示するのである。

　それでいて哲学的思考の統一性は侵害されずに済んでいる。このことを前提としつつ，文化哲学とは人間によってつくられた有限な世界——それこそ文化である——へと理解しつつ取り組むことである，とまずは定式化してみたい。文化とはしかし，微細にわたる定義づけのうちに包括され，考察者の前に据え置かれうるようなある別の，下位概念・同位概念のヒエラルキー全体を超えた哲学の根本概念を形成するものではない。文化的事実とは諸々の制作・作品のことである〔本書第4章第2節参照〕。それらにおいては，そのつどの現在における関係によって，新たな意味合いが開示され，規定されんとする。文化とはむしろそうしたことのうちに，間接的に姿を現す。

第3節　ふたりのパイオニア

入門書としての方針

　哲学の入門書というものはだいたい，歴史部門と体系部門を基本として持っているものである。これらふたつの部門は等しくその基礎を担うはずである。とはいえ，それらがまったく別々に論じられてしまうこともある。結局のところ，誰がどの貢献を果たしたのであるか，あるいはより興味深いことであるが，そこで素描されたパースペクティブを地平とすればどの立場がさらに理解されうるか，ということは書き手の好みに任されかねない。例えばヘーゲルはどのように扱われるべきだろうか。彼には「客観的精神」の理論があるわけだから，それゆえ——彼の歴史上の弟子たちとは違って——文化の哲学もあるのだと言うことはできるのだろうか。ヴィルヘルム・フォン・フンボルトや，初期ロマン派，ニーチェについてはどうだろうか。スタンリー・カヴェルが例えばウィトゲンシュタインについてやってみたように[32]，ベルクソン，ウィリアム・ジェイムズ，クローチェ，フロイト，マックス・ヴェーバー，プレスナー，フーコー，ブルーメンベルクを文化理論として読むことは刺激的ではないだろうか。ルネサンス哲学，民族学の諸々の端緒，とりわけ新カント派など，より詳細な理論史の検討からわたしたちは何事かを期待しうるだろうか。一般にはおそらくほとんど知られていないが，決定的なインスピレーションの源であった人たち——ウーゼ

---

　32)　Stanley Cavell, Wittgenstein als Philosoph der Kultur. Alltäglichkeit als Heimat, in: ders., *Nach der Philosophie*, 2. Aufl., Berlin 2001, S. 97-126 参照。

ナー，ディルタイ，ランプレヒト，クローナー，リッカー
ト，コーエン──に対しどのようにして価値を見出すこと
ができるだろうか。メンデルスゾーンやマイモンをはじ
め，ユダヤの思想家たちにおいて文化の問題に対する特別
な嗜好が見られうるということは，何に由来しているのだ
ろうか[33]。他方で一般的に問うなら，cultura〔文化＝耕し
＝教養・陶冶形成〕の隠喩によってはじめから含まれてい
たであろうもの──すなわち世界の人間化というもくろみ
──に対する関心こそが，ライトモチーフとして，哲学科
の蔵書全体をそもそも貫いているのではないのか。

　これらの問いはレトリカルに表現されている。ともかく
入門書はそれらを徹底して掘り下げる場所ではない。多く
の候補者たちは本書においてまったく言及されておらず，
あるいはせいぜいのところそのつどの観点から手短に触れ
られているにすぎない。だからといって，それらの思想を
除外されて然るべきものとして理解するべきではない。そ
のような限定は叙述に関するテクニカルな取り決めから生
じるだけのものである。入門書においては，あらかじめ設
定された主題へのアプローチを遵守し，それを最後まで首
尾一貫して論じなければならないわけである。とはいえ，
この態度は現に尊重されるべき暗黙の前提を持っている。
圧縮された形式であっても，文化哲学的地平を提示し，開
示することはできる。その意味で入門書とは問題へと接近
する通路をならし，主要線を引き，素材をまとめあげ，厳
選された証言者を紹介するものでなければならない。要す
るに，入門書の最重要課題とは，示すことなのである。

---

　　33)　Arche Noah, *Die Idee der »Kultur« im deutsch-jüdischen
Diskurs*, hg. v. Bernhard Greiner u. Christoph Schmidt, Freiburg/Br. 2002;
Martin Treml, Judentum als Schlüssel zur Religions- und Kulturtheorie,
in: *Trajekte 8*, 2004, S. 12-15 も見よ。

ジンメルとカッシーラー

　入門書がどれもそうであるように，ここでの紹介におい
てもある種の好みによる選別は避けがたい。だとしても，
ゲオルク・ジンメル（Georg Simmel, 1858-1918）とエルン
スト・カッシーラー（Ernst Cassirer, 1874-1945）の先駆的
業績に認められる卓越した地位を強調することは，根拠の
ないものではまったくない。他の思想家たちの貢献の度合
いを格下げしようとするわけではないにしても，本書では
以下のテーゼに則りたいと思う。続く世代の文化哲学的論
争に道しるべとなるキーワードを提供したのは，まずジン
メルであった。それから文化哲学の輪郭を独特な仕方で彫
琢し，いまあるかたちへと整えたのはカッシーラーだっ
た。カッシーラーはジンメルの生の哲学的な思考前提に対
して，しかしまた思弁的歴史哲学に対して，そして認識論
的に制限された新カント派に対して批判を行う。文化哲学
の端緒が忘れ去られたかのように見えた後でもなお，文化
哲学が自立した学問分野として理解され続けているのは，
まさにカッシーラーによるこれらの批判のおかげである。

　これらのテーゼによって獲得される叙述のための視座は
それほど奇抜なものではない。カッシーラーは先ごろよう
やく公刊されたメモにおいて，ジンメル哲学がすでに「文
化論的転回」（cultural turn）を——カッシーラーの言うと
ころでは「文化哲学への転回」[34]を——果たしていたと認
めている。つまり本書のテーゼはそもそもカッシーラー自
身が際立てていたものなのである。それでも，いくつかの
受容の道筋において明らかなように，貨幣経済についての
ジンメルの分析が，どれほど一貫して彼自身の思考の運命

　34）　Ernst Cassirer, Grundprobleme der Kulturphilosophie, in: ders.,
Nachgelassene Manuskripte und Texte, hg. v. Klaus Christian Köhnke,
John Michael Krois u. Oswald Schwemmer, Bd. 5, Hamburg 2004, S.
3-28，ここでは S. 4。

を定めているかについてはほとんど見間違いようがない。つまり彼自身があらかじめ述べていたように，その遺産は，多くの相続者に分け与えられ，臨時収入として計上される現金のようなもので，その出所は忘れられる。それとまったく同じことが生じたわけである。数十年の間後世の人々はジンメルの作品のうえを素通りしていた。カッシーラーの著作も同様の運命をたどった。彼の本は，厚い埃に埋もれて，哲学科の図書室で通常どちらかと言えば辺鄙な「新カント派」コーナーに配架されていたのである。

カッシーラー再発見

　学問政治の状況に基づく無関心は，文化哲学の挑戦が持つ難解さを見ればある意味納得のできるものであったが，そうこうするうちに新たな取り組みに場所を設けることになった。いまやようやくこのふたりの哲学者は——カッシーラーを念頭に置いて言われた言葉を借りれば——「ヨーロッパ近代の哲学者」[35] として発見されるのである。新たに目覚めたこの関心を示しているのは諸々の著作を統合的に提示しようという配慮である。それらは最近，見事で完全な版により公刊された。資料編集の状況は明確に改良された。この好転は単に個々の問題に対する受け取り方を先鋭化させただけではなく，とりわけ比較を容易にすることで，それぞれの思考が持つそれぞれの道筋に視線を開いたのである。

　そのようなわけで，カッシーラーのジンメル読解が『象徴形式の哲学』の著者にとって生涯に渡る対決という性格を帯びていたこと，そしてそれがどの程度のものであったのか，いまや認識できるようになった。カッシーラーがこ

　　35）　Oswald Schwemmer, *Ernst Cassirer. Ein Philosoph der europäischen Moderne*, Berlin 1997 参照。

の教師から構築的・生産的に距離を取ることに最終的に成
功したということは，数多くの重点移動から手に取るよう
に観察されうる。最も目を引くのはとりわけ〔文化に対す
る〕批判的要素が扱われるときである。ジンメルと同様
カッシーラーもまた批判について語っているが，それでも
後者が普遍的幸福という基準と，時間の相から切り離さ
れた調和への保証とを断念していることは明らかである。
カッシーラーの目には，ジンメルのもとでくまなく現れて
いたような文化に対する悲観主義が，度を越した期待の軽
薄さとして映っていた。文化の危機は劇的である，とカッ
シーラーは認めるし，彼もまた懐疑と文化批判の権利を否
定することはない[36]。しかしながらカッシーラーは，無限
の途上において絶えず新たに繰り広げられる「形式」と
「生」との闘争へと文化哲学の地平を制限することを拒絶
するのである。文化を「悲劇」とするジンメルの定式に応
答し，カッシーラーは文化の危機をその持続の相において
捉える。それは自己自身を変化において保つために文化が
求め，求めなければならない挑戦なのである。

---

36)　このことが彼の思考をリッカートの科学主義と区別して
いる。リッカートは，認識論的志向を持つまさにかの形式化戦略に
よって躓きの石に対応し，生の哲学の挑発に応答した。カッシーラー
は，遺稿にあるメモによれば，リッカートのジンメル解釈は不適切で
あるばかりか，「ばかげている」と見なしていた（Ernst Cassirer, Zur
Metaphysik der symbolischen Formen, in: *Nachgelassene Manuskripte
und Texte*, a.a.O., Bd. 1, S. 238〔「1〕ジンメル——近代の形而上学の根
本問題と類型——生の哲学——幅の広い流れ——〔…〕ここにおいて，
単なる「流行の潮流」について語ることは——すなわち，この運動そ
のものを，単なる決まり文句によって片づけようとすることは——愚
かであり，また，短見である——この運動を，リッケルトが試みてい
るような仕方で，気位の高いだけの身振りで片づけようとすること
はできない」（カッシーラー『象徴形式の形而上学——エルンスト・
カッシーラー遺稿集 第一巻』笠原賢介・森淑仁訳，法政大学出版局，
2010 年，373 頁)〕)。

文化哲学のプロジェクト

　この思想によって諸々の文化学を活性化させ仕上げるための基盤が与えられた。形而上学的な庇護の欠如は近代性の特徴である。しかしそこに何かしらの埋め合わせを見つけだそうとすることはもはや放棄されている。「ただそれらによってのみ，文化を再活性化させ「再生」させることは可能である」[37]とカッシーラーはヘルダーとゲーテの定式をほのめかしつつ書いていた。文化哲学的実践はそれによって純正哲学的作業と文化的作業という二重の意味において現れてくる。文化哲学はある特定の文化の煽動家でもなければ，中立客観の観察者という立場を気取る者でもない。それが記述する領域の一部として，文化哲学は文化的諸形式の――カッシーラーが「象徴的」と呼ぶ諸形式の――機能的統一という仮説を検証する。文化の発展におけ

---

　37)　Ernst Cassirer, Zur Logik der Kulturwissenschaften. Fünf Studien, in: ders., *Aufsätze und kleine Schriften (1941-1946)*, in: *Gesammelte Werke, Hamburger Ausgabe*, hg. v. Birgit Recki, Hamburg 1998 ff., Bd. 24, S. 355-486〔カッシーラー『人文学の論理――五つの論考』齊藤伸訳，知泉書館，2018年〕，ここに関しては S. 435〔「人文学が打ち出すさまざまな形式および様式概念の充溢は，究極的にはただそれらの概念を通しての蘇生，つまり文化の「再生」(Palingenesie) を可能にするという一つの課題に従事している」(119頁)〕．ほのめかしは 1775年5月の書簡に関連している。そこではゲーテはヘルダーの歴史的認識のやり方について言及し，語気を強めてイメージに落とし込んでいる。「あなたの掃除の仕方――ごみのなかから黄金をふるい分けるようにではなく，ごみを生きた植物に再生させる仕方には，いつも感服いたします」(*Briefe, Hamburger Ausgabe*, hg. v. Karl Robert Mandelkow, Bd. 1, München 1988, S. 183)。すぐ後にヘルダーは擬人的な，人間の能力において自己超克に向けて基礎づけられた文化への移行を「再生」(Palingenese) として記述し，次のように説明している。「わたしたちのなかでまどろみ，わたしたちを新たに若返らせる諸力の，革命ではなく，幸福な進化」(これやその他に対する典拠は，Hartmut Dörr, Palingenese, in: *Historisches Wörterbuch der Philosophie*, a.a.O., Bd. 7, Sp. 40-46)。

る諸々の転換，区切り，「再生」が印づける差異の頑なさ
が現れうるためにはそもそも，最小のアイデンティティが
与えられていなければならない。それを記述された諸々の
現実から抽出すること——それこそ機能的統一の発見法に
ほかならない。

　それはまさしくその通りであり，ちょうど入門書という
コンテクストにおいて強調されなければならないものであ
る。文化哲学は，例えばヘーゲルが自身の『法哲学』に
対して要求し，その有名な序文において宣言したような，
「出来あがったと見なされるある学問の領域」として提示
されることはない。文化哲学とはひとつのプロジェクトで
あり，制作されるべき作品（ouvrage à faire）である。文
化とはいかに生じるのか。いかにして，どのような手段を
もってそれはみずからの目的を達成するのか。その結合力
とは何か。どのようにそれは変化するのか。文化的領域の
諸法則と規則性はどうなっているのか。その領域はいかな
る秩序によって規定されており，いかにしてそれらの秩序
へと遡及的に作用するのか。文化的事実とは何か。それは
事実性の他の形式とどのように区別されるのか。文化哲学
と文化学の関係はどうなっているのか。互いに疎遠であ
り，レヴィ＝ストロースが言うように，互いに対して盲目
である諸文化はいかに統合するのだろうか——排他的な方
法や，学校で教えられるような教科書的な考えによるので
はなく，理論的専門的に高度に連結しうるこれらの一連の
問いによって，文化哲学の統一性は確保されている。

　これらの問いの根本性格とそれに期待されうる生産的
な議論を鑑みて明らかなのは，哲学的な専門誌というか
たちで議論の場をそれらのために開くことであった。そ
のような定期刊行物として，2007年以来雑誌『文化哲学』
（*Zeitschrift für Kulturphilosophie*）が公刊されている。

第 2 章

文化哲学の前史

文化哲学の歴史的展開

　はじめに述べたように，文化は歴史を持たない〔本書第1章第1節，また第4章第3節のヘーゲル的な歴史哲学への批判を参照〕。すなわち文化とは，人間の行為から独立した運動ではないのである。それはまた時間と空間にまたがる複雑なプロセスの経過を裁く審級でも，あるいはその目的を確保するものでもなければ，「人類史的」な集団的目標を打ち立てるために役立つものでもない。

　いったい文化的なものとは何か，それはどこに現れてくるのかといったことについての常識的なイメージは，それゆえ疑わしいものと見なされるべきである。文化はその財が管理されうるような「所有」ではなく，自身の能力に基づいて行動する「主体」でもない。文化には一方でそこに溶け込んでいながら，他方でそれを焚きつけ炎上させるような，諸々の潜勢力がある。文化とはそれらの力が現実化することであると理解すれば，厳密には，諸文化が「育つ」ないし発展するなどと言ってはならないことになるだろう。文化は事実であることと，価値や解釈を与えることの差異から生じる。つまり，文化とはそもそも，固定的な形式と可変的な関係規定からなる結びつきから常に新たに現実化されうる結合態としてのみ実在するのである。文化的なものの相貌は様々に変化する。その変化の総体におい

て文化的なものの歴史は成立する。それらの変化は文化そ
れ自体から生じるのではなく，欲求と目的に従うことで文
化を生み出す人間の諸々の活動性から生じるのである。こ
のことを確認するのは些細なことではない。というのもそ
れによって，文化の世界がさらされている諸々の変化は間
接的に生じてくるということもまた言われているからであ
る。それらの変化を生じさせるのは，ある文化を特定の○
○文化として同定するあの取り込みと排除のプラグマティ
ズムであり，ほとんどの場合深く考えることなく事柄を好
ましいものとして受け入れたり逆に拒絶したりすることで
あり，文化だからと責任を免除したり引責を先延ばしした
りすることである。文化そのものではなく，文化の表現形
態が歴史を持つ。

　当然ではあるが文化の哲学もそのような形態のひとつで
ある。なので文化哲学には歴史がある。それどころか前史
も，ならびにもちろんのこと，概念史もある。これらの歴
史について語るのが，続くふたつの章である。そこで重要
なのはただ単に諸々の関連を説明するだけではない。19
世紀半ばにその名前が登場する前に，つまり 1851 年のロ
ンドン万国博覧会の産業展示を訪れた知識人たちが文化哲
学という言葉を見つける以前に，この学科領域のために何
がすでに果たされていたのかを，決定的な場面にとどまる
ことで把握可能なものとしなければならない。

　文化哲学という概念が歴史上で持ち出される場面は，す
でに確認したようにゼンパーに見られるのであった〔本書
第 1 章第 2 節参照〕。この幕開けにはその発生状況を越え
た重要性を持つポイントがある。つまり，数世代の後には
じめて本格的に動き出した文化哲学という名前の学科領域
は，概念形成との連関において発展したそのパースペク
ティブを根本的に共有しているのである。このことはたし
かにゼンパーが受け入れ強化した文明隆盛の楽観主義に対

してあてはまるものではない。しかし包括的な構想のもと
で——まさに文化という概念のもとで——人間の作業領域
をプラグマティックに統合しようとするかぎり，そのよう
な文化哲学のパースペクティブには，ゼンパーが持ってい
た当初の狙いとますます重なるところが見られるわけであ
る。

カッシーラーの重要性

　ここで第一に挙げられるべきなのはカッシーラーの批判
的文化哲学である。たしかに，直接的な「影響」のような
ものは証明できないかもしれない。それでも，その時代の
講壇哲学にとっては異例の，並々ならぬ決断をもって思考
を文化の諸対象へと開くという関心，「文化的事実」を見
て取ろうというゼンパー的関心が，カッシーラーに至るま
で持続していることは認めることができるし，そのことは
注目に値しよう。カッシーラーにとって決定的であったの
は，美術史家であり収集家であったアビ・ヴァールブルク
との出会いである。カッシーラーがハンブルク大学に着任
してその翌年，1920年代の初めに実現したこの出会いは，
偶然同じ土地に居合わせたということを遥かに越えて意義
深いものである。とりわけ個人的な事情を度外視して言え
ば，それは様々な専門やその伝統の出会いだった。その出
会いが，新カント派の学派的関係を越えて成長していくこ
の文化哲学者が，みずからのプロジェクトを成就せんと決
心するのを後押しする。そのプロジェクトこそ，ヴァール
ブルクによって評価されたゼンパーが半世紀以上前にあら
かじめ目撃し，大胆な筆致で素描していたものにほかなら
ない。それはまさに，「人間の手による最も単純な制作・作
品」に通底する諸々の原理を明らかにすること，「その発
展形成の歴史」[1]が従っている法則を把握することだった
のである。

1)　Semper, *Wissenschaft, Industrie und Kunst*, a.a.O., S. 41.
——Roland Kany, *Die religionsgeschichtliche Forschung an der Kulturwissenschaftlichen Bibliothek Warburg*, Bamberg 1989（とくにカッシーラーについては S. 55 以下）。この本はハンブルクで設立されたこの研究所のプログラム，人間関係，研究法についての簡潔な概観を与えてくれる。『ヴァールブルク文庫研究』に収められたいくつかの，個人によるたいへん包括的な論考はカッシーラーのものであり，まさにその第 1 巻は彼の『神話的思考における概念形式』（1922 年）である。フリッツ・ザクスルの主幹のもとで 1918 年から 1923 年の間に，カッシーラーが本質的に関わっていた当初の目的設定から，研究所の作業は逸脱していったのではないかというテーゼを最近ジョルジュ・ディディ＝ユベルマンが提唱している。彼によれば，カッシーラーが象徴の無時間的な意味を明らかにしようとしたのに対し，ヴァールブルクは記号と徴候の分割，ないしそれらの「生」に惹きつけられていたのだという（Didi-Huberman, *L'image survivante. Histoire de l'art et temps des Fantômes selons Aby Warburg*, Paris 2002〔ディディ＝ユベルマン『残存するイメージ——アビ・ヴァールブルクによる美術史と幽霊たちの時間』竹内孝宏・水野千依訳，人文書院，2005 年〕参照）。ディディ＝ユベルマンの叙述は研究所の知的多様性を確かめるものであるが，その批判は的外れである。結局のところそれは当事者とりわけカッシーラーに対する紋切り型の見方の産物なのである。この文化哲学者にとって躍動する「生」と永遠の「意味」の二者択一を強化すること以上に疎遠なものはなかった。反対に，カッシーラーが数多くの研究において示したものとは——強調して言えば——意味の生なのである。

第 1 節　ヴィーコと文明世界の発見

文化が人間に先立つ

文化問題への哲学的な取り組みに関する決定的な日付は
もちろんそれよりもいくらか以前に遡る。それは一般に啓
蒙主義と呼ばれる——かつてはマイナスイメージをとくに
示唆することなくそう呼ばれていた——時代に属してい
る。この関連において決定的なのは啓蒙主義が現実を人間
によって作られた世界と認めていたことである。それが生
じたのが意識的だったにせよ無意識的だったにせよ，それ
が成功したものと感じられるにせよ抑圧の結果だと感じ
られるにせよ——文化はそれ以後，「世界の人間化」（本書
第 1 章第 2 節 17 頁）として，あるいは人間の制作・作品
（Werk）として見なされている（本書第 4 章第 2 節）。

　あらゆる文化哲学の歴史的・体系的な枠組みはそのよう
な診断とともに作り上げられてきた。誤解を避けるために
ここですぐに強調されなければならないのは，文化世界を
哲学的に仕上げるという作業が，人間的なものの構成への
体系的な問いである人間学（Anthropologie）のアプロー
チとは決然と区別されるということである。人間学とは違
い，文化哲学は「人間」なるものをまったくの留保なく
反省・考察の中心へと持ち込んだりはしない。マックス・
シェーラーは，形態学的には生物の領域に「分類」される
が，形而上学的にはその領域と「対置」されるとする二重
の規定において，人間という存在者を捉えた[2]。しかし文

---

　2)　Max Scheler, *Die Stellung des Menschen im Kosmos*, München
1947, S. 10 以下〔『宇宙における人間の地位』亀井裕・山本達訳，
〈シェーラー著作集 13〉白水社，1977 年，16-17 頁〕参照。

化哲学が注目するのはそこではない。むしろ，人間がみず
からの生活を管理するという実践において発展し，投入さ
れ，後に取り残される諸々の痕跡と証言，形式と形象こ
そ，文化哲学の眼差しが向かう先なのである。対象の見方
に関するこの違いは決定的である。文化哲学は人間学「で
はない」。それは人間学を「備えている」。ついでに言え
ば，哲学に関する多様なその他の学科領域を文化哲学は
持ってもいるのである。

　人間は現実の世界に存在する事物を加工しそれを乗り越
える。その作業の総体こそ，文化であることの労苦にほか
ならない。その労苦は，周囲に存在するそれ相応のものと
持続的に折り合いをつけることを拒む存在者の罪として，
これまでしばしば理解されてきた。その解釈の試みの長い
歴史を見るなら，文化哲学と人間学との間の裂け目が実際
にどれほどまで深く達しているのかはっきりとする。スト
ア派・エピクロス派からルソーに至るまでの文化批判は，
自然的諸関係を放棄すること，火を奪うことの軽率さ，真
に人間の事柄であるものを喪失する大航海に向けられてい
る。そこで文化は，人間を自己自身と分裂させ，みずから
の根源からますます引き離す大いなる誘惑者として表現さ
れている。文化さえなければ，人間はみずからの根源を決
してみずからの目から離し失うことはなかっただろう，と
いうのである。

　そのような文化批判も，文化哲学にとって役に立たない
わけではない。その生活形態の変転する諸状況を越えて，
「人間」とはそのものとしていったい何者であるかという
問いはどこまでもしつこくつきまとってくる。文化哲学が
その問いにかかずらう必要はないのだと思い切って決断す
るのも一苦労なほどである。文化批判はまさにその負担を
軽減してくれる。人間的本質への脱文化的な問いから逃れ
るためには，人間には文化に対する適性があり，この意味

で人間は文化的存在者であると前提するだけで十分なのである。このように規定することは否定的であると同時に肯定的でもある。文化哲学にとって人間は，他の生命体と異なって自身の欲求の状態と自然環境の間の静態的関係を自由に行使できず，したがって自己自身のもとに安らうことのない存在者として目に入る。このことに対応しているのは，プラトンの描いたプロタゴラスによってすでに表明され，ヘルダーによってさらに発展した人間のイメージ——自然本性においては「裸で，むきだしで，弱く，貧相で，臆病で，無防備」[3]ではあるが，同時にまさにこの「欠如・欠陥」によって，ヘルダーに言わせれば，みずからの自然本性的基盤を乗り越える可能性の諸条件を備えている存在者——である。自然本性的な振舞いが人間を文化に適合させるのではない，というのも人間は自然本性的な振舞いなどまったく持っていないから——こう言っても過言ではない。反対に人間の「自然本性的性格」とは「人工的性格」を基盤として，自己を想像することから出てくるものなのである。人工的性格がより促進されることで自然本性ということが言われるのであり，それはルソーが近代初頭にはっきりと見据えていたように，不可逆的なのである。

　回顧的な視点を設定することでようやく，文化の歴史は，みずからの世界と同時に自己を創造する人間の歴史として語られうる。人間が規定を持たないということは，人間にとっての規定・使命となる——そこに，否定性を肯定性へ，存在を行為へ，受容性を生産性へとひっくり返す体

---

3)　Johann Gottfried Herder, *Abhandlung über den Ursprung der Sprache*, in: Werke, a.a.O., Bd. 5, S. 1-158, この箇所については S. 26〔ヘルダー『言語起源論』宮谷尚実訳，講談社学術文庫，2017 年，38頁〕。ここで挙げた章句はプラトン『プロタゴラス』320d-322d〔『プロタゴラス』藤沢令夫訳，〈プラトン全集 8〉岩波書店，1975 年，136-140 頁〕をほのめかすものである。

系的な場所がある。人間は直立歩行する存在者として[4]，つまり自己を外化・客観化し，多数の現実を生み出す存在者として現れる。自己によって生み出されながら自己とは区別されるものについて，こうした客観化を経ながらも，人間は自己を認める。人間によってつくられた世界，すなわち文化の世界は人間の故郷であり，人間に安全な場所を与えるが，よそよそしいものともなるし，不快さを生じさせてしまうこともある。このことはみずからの創造行為を自己化しようとする上記の傾向に存しているのである。

ヴィーコによる哲学の軌道修正

自己と世界のこの連関が解消されないことをはじめてはっきりさせたのは，イタリアの哲学者ジャンバティスタ・ヴィーコ（Giambattista Vico, 1668-1744）であった。人間がすでにずっと世界を認識することができていたのは，（この理由づけが問題なのだが）「人間がそれを生み出したから」[5]である——「新しい」ものと綱領的に宣言されたその主著『新しい学』（1725年）においてヴィーコが導入したこの原則は，探求の方向性を定めるものであった。

---

4) このテーマと，18世紀における科学と形而上学，物理中心主義と擬人観の，部分的には唖然とするほどアクチュアルであると思われるような対立については，Kurt Bayertz, Glanz und Elend des aufrechten Ganges. Eine anthropologische Kontroverse des 18. Jahrhunderts und ihre ethischen Implikationen, in: *Jahrbuch für Recht und Ethik 8*, 2000, S. 345-69. 古生物学的視点からはまた André Leroi-Gourhan, *Hand und Wort. Die Evolution von Technik, Sprache und Kunst*, Frankfurt am Main 1980, S. 35 以下を見よ〔ルロワ＝グーラン『身ぶりと言葉』荒木亨訳，ちくま学芸文庫，2012年，30頁以下〕。

5) Vico, *Prinzipien einer Neuen Wissenschaft*, a.a.O., S. 143, cap. 331〔ヴィーコ『新しい学』上，上村忠男訳，中公文庫，250頁〕．以後もこの版を用いて引用を行う。この版は第1版（1725年）と第2版（1730年）に加えて死後に出版された第3版（1744年）を含んでいる。

ヴィーコがこの箇所で語る世界は，人間によってつくられた世界であり，文明世界（mondo civile），すなわち文化である。ヴィーコがそれを示そうと注力した「新しい」ものとは，まさに人間のものとしての世界へと眼差しをこのように向け変えることを示すものである。それこそ『新しい学』のテーマであった。

　ここで考慮されるべきなのは，「新しい学」という表題とそこに示されている要求が，この時代においてはきわめて周知のものであり，それこそ知と自然認識の要求を，前代未聞の自己意識として執拗に際立てた当のものだということである[6]。自然認識へのこの呼びかけに，ヴィーコは自身の論考によって反応している。『新しい学』というタイトル設定こそ，すでに引用と返答とをひとつにしたものにほかならない。哲学の知は書物と伝承された知の世界に背を向け，自然の世界（mondo naturale）へとまったく直接に向かうことになった。その方向性を卓越したかたちで打ち出したのは，ヴィーコがたびたび引用するフランシス・ベーコンである。ヴィーコの『新しい学』は，ベーコンの世代によってあらかじめ導かれていた哲学知の新しい方向設定に対し，修正を加えようとしたにすぎない。古代と中世スコラ哲学の権威に基づく古来の伝統とは異なり，それとの対立において，〔近代的な〕「科学」の態度は，ベーコンの『ノヴム・オルガヌム』の表現によれば，「事物そのものに」身を委ねることを求め，あらゆる先入観，「人間の魂によるあらゆる捏造」[7]から解放されること

---

　6)　Karl Löwith, Vicos Grundsatz: verum et factum convertuntur, in: ders., *Sämtliche Schriften*, Bd. 9, Stuttgart 1990, S. 195-227, この箇所については S. 196 以下。Jens Heise, Topik und Kritik bei Vico - Materialien zur Kulturphilosophie, in: *Allgemeine Zeitschrift für Philosophie 27, Heft 1*, 2002, S. 41-48 も見よ。

　7)　Bacon, *Neues Organon*, a.a.O., Bd. 1, S. 99 (I, 36) と S. 115 (I,

を欲したのである。ベーコンは「伝統，だまされやすさ，
いい加減さによって妥当している」[8]諸々の学問が受け継
いできた教義をも〔彼が言うところの「劇場のイドラ」と
して〕そこに数え入れている。

　容易に分かることだが，ここからでは「文明世界」への
いかなるアプローチも得られない。ベーコンは人間の認識
器官を誤謬の源泉と表現した。彼が愕然とするほどに，人
間は「イドラ」によって惑わされ，「諸事物の内的真理」
に対する見通しを長い間みずからによって遮っていた。だ
からその器官を「自然と経験の光」のもとで方法論的に導
き補正することではじめて，その見通しを得ることができ
るようになると期待されたのであった[9]。『ノヴム・オルガ
ヌム』は主観性の哲学に対するいかなる企てを行うことも
なかった。この書は文化的存在者ではなく，その代わり
に，世界支配のためにいましがた手に入った手段の超時間
的合理性に権限を与えようと欲したのである[10]。

　詳細に考察すれば明らかなように，一方でベーコンに対
する，他方でデカルトに対するヴィーコの応答は，明確な
意図に従うものであった。哲学に軌道修正を試みることこ
そ，ヴィーコが精神的に企てたことの全体であった。それ

---

51)〔ベーコン『ノヴム・オルガヌム（新機関）』桂寿一訳，岩波文庫，
1978 年，82 頁，92 頁〕.

　8)　Ebenda, S. 105 (I, 44)〔『ノヴム・オルガヌム』85-86 頁〕.

　9)　Ebenda, S. 119 (I, 56)〔『ノヴム・オルガヌム』94-95 頁〕と
S. 131 (I, 63)〔103-04 頁〕.

　10)　それゆえベーコンは人間の主体性の潜在能力を讃えること
を諦め，それに代えて技術的に帰納されたメカニズムの信頼性に賭け
る。このパラダイムはコンパス，印刷術，火薬といった初期の発明に
決して制限されていない。「というのも手だけで直線を引いたり真円
を描いたりすることには多くの自信と練習が必要であるが，定規や分
度器がそれに用いられるのであればそれらはあまり必要でないかまっ
たく必要でない。わたしの振舞いに関しても似たようなことがあては
まる」(Ebenda, S. 127 (I. 61)〔『ノヴム・オルガヌム』99-101 頁〕)。

ゆえ後の文化哲学がそこに結びつくことで，哲学的挑戦と
して理解されたのは自明である。すでにストア派が，ある
いはベーコンでさえ，利用可能なものと不可能なもの，人
間的なものと神的なものを混同することに対して警告して
いたのだが[11]，その後でいまやヴィーコもまた哲学的認識
の注意を，神によって設計され，したがって人間には認識
不可能である自然の諸対象から，文化の諸対象へと向けか
えようとする。後者は人間によって生み出されたものであ
るから，人間の知的活動にとって接近し到達することが可
能なのである。

新しい時代の哲学の抗争

ヴィーコにとって問題なのは，認識による把握という課
題領域だけではない。近代科学は「感覚的経験の確からし
さ」（ガリレイ）[12]に基づいて新しく始めようとする情熱を
伝統的権威に鋭く対立させ，異教的ならびにキリスト教的
「古典」の規準はその模範的機能を永遠に失ったと宣言し
た。そのときに危険にさらされた連関を復興させることこ
そ，ヴィーコの真のテーマなのである。解放された近代と
いう自己意識は，固有の手段を行使することによって知を
獲得できる。そのような思想は，ベーコンからガリレイと

---

11)　Ebenda, S. 135 (I, 65)〔『ノヴム・オルガヌム』105-06 頁〕
参照。すでに『提要』の第 1 文目においてエピクテトスはこの区別を，
倫理的な陶冶形成のプロセスの地平を輪郭づけ，その成果要求の課題
を制限するために導入している。「一方をわたしたちは意のままにす
るが，他方はそうではない」（Kurt Steinmann, Stuttgart 1992 の版の S.
5 参照〔エピクテトス『語録　要録』鹿野治助訳，中公クラシックス，
2017 年，187 頁〕）。
12)　Galileo Galilei, Astronomische Mitteilung, in: *Kritik des
Sehens*, hg. v. Ralf Konersmann, 2. Aufl., Leipzig 1999, S. 116-30〔ガリ
レイ『星界の報告』伊藤和行訳，講談社学術文庫，2017 年〕，この箇
所については S. 116〔16 頁〕参照。

デカルトを経てホッブズとマルブランシュに至る初期啓蒙
の代表者たちに共有されていた。彼らのやり方の優越性こ
そ，伝承された世界像からの離反を強要し，いまやみずか
らを「新しい時代」(die neue Zeit) と呼ぶ時代としての近
・
代 (*Neuzeit*) を新しく，かつ正当に開始することを許可
している。

　こうした自己肯定的な時代診断に通底する主旋律に
ヴィーコは対峙している。断固たる決意のもとで強調され
る近代が伝統からの断絶を公言するのに対し，ヴィーコに
見られるのは，文化概念に定位しつつ歴史における諸々の
時代を再び統合しようとする試みである。それは，少し後
でヘルダーが受け入れ，さらに現代において強い影響力を
持つヴァールブルクのサークルを後押ししているものであ
る。後者はまさに「近代における古代の死後生」をモッ
トーとして掲げているのである[13]。『新しい学』の上記の章
において展開され表明されたのは，人類の発展のあらゆる
段階を包括し，諸々の時代の連続性を確証する概念として
の「様態化」である。人間が常に遂行してきたものが何で
あっても，それが生じたのがどの時点であっても，やはり
すべては「わたしたち自身の人間的精神の諸々の様態化
(Modifikazionen, modificazioni) の内部で」[14]動いているの
だとヴィーコは読者に対して請け負っている。この原理に
従うことで，はじめに森が，次いで小屋が，村が，後に街
が，最後に学問共同体が生じたというように，人類の発展
を時間における発展の非断絶的連関として簡潔に列挙し表

　　13)　Ernst Gombrich, *Aby Warburg. Eine intellektuelle Biographie*,
Frankfurt am Main 1984, S. 44 u. pass〔ゴンブリッチ『アビ・ヴァール
ブルク伝──ある知的生涯』鈴木杜幾子訳，1986年，晶文社，27頁
以下〕.
　　14)　Vico, *Prinzipien einer Neuen Wissenschaft*, a.a.O., S. 142 f.,
cap. 331〔ヴィーコ『新しい学』上，250頁〕.

現することがヴィーコにとって可能となる[15]。その可能性は後にドイツではヘルダーによって，フランスではスタール夫人によって受け継がれていく[16]。

歴史を創るのは人間ではない

それから 1 世紀の後にヘーゲルとその弟子たちが発展させるような，強い意味での「歴史哲学」は，見かけに反して，ヴィーコ的考察方法とは無縁であった。ヴィーコの方法には，内在するプロセスとしての進歩に関わるどのようなイメージも欠如しているのである。彼は歴史学的知見に対し特定の場所を割り当て，自然科学との同等性を認めているが，歴史の進行を人間からの影響とその意識的な実践に基づけることはしない。人間はただみずからの生活基盤に配慮し活動するだけである。ヴィーコが確証するのは反対に，歴史を創るのは人間ではない，ということなのである。この世界はあらゆる経験にしたがって「人間自身があらかじめ設定してきた特殊な目的としばしば異なっており，ときにはまったく対立しつつ常にそれらを覆って

---

15)　Vico, *Prinzipien einer Neuen Wissenschaft*, a.a.O., S. 116, cap. 239 参照〔『新しい学』上，205 頁〕.

16)　カールハインツ・シュティアレはスタール夫人『社会制度との関係から見た文学について』（1800 年）から連続性定理を引用している。「人間精神の漸近的な歩みはまったく中断されることがなかった」（Karlheinz Stierle, Renaissance. Die Entstehung eines Epochenbegriffs aus dem Geist des 19. Jahrhunderts, in: *Epochenschwelle und Epochenbewußtsein*, hg. v. Reinhart Herzog u. Reinhart Koselleck, München 1987, S. 453-92, この箇所については S. 463）。ヴィーコによってもたらされた見方の変更はそれによってみずからの確証を得る。それがみずからを恒常化させる瞬間において啓蒙主義は，それ自身によって演出された新旧の対立によって生じた排他性の意識を放棄しなければならない。自己自身を歴史的に把握することを学ぶことで，啓蒙主義は文化発展のプロセスへ一緒に入り込んでくる。

いる」[17]精神に由来するとヴィーコは述べている。すでに
シェイクスピアが『ハムレット』において表現していたよ
うな[18]，人間の実践に伴う失敗に直面したこのような懐疑
は，後の歴史哲学が強調するところと，それによって生み
出された「歴史の主体」という要求と一致するものではな
かった。ヴィーコの考えた「文明世界」は，利用可能な物
事の世界の総体とはまったく違う。そこでは行為者の意図
が常にすでに抜け落ちている。後の文化哲学者たちが強調
するように，それはむしろ無意識に実行される出来事の現
場なのである。「自分が何を織っているのか，織り手は知
らない」[19]とはジンメルが最も好んだ引用句である。

---

17)　Ebenda, S. 606, cap. 1108〔『新しい学』下，506-07 頁〕.

18)　『ハムレット』（III, 2）〔シェイクスピア『ハムレット』野島
秀勝訳，岩波文庫，2002 年，152 頁以下〕で演者−王が語っているこ
とを，時代に典型的な「ヴァニタス」の語りとして処理しようとは誰
も望むまい。「意志と運命は常に争いの渦中にある。／わたしたちが
考えだすものは，偶然の戯れであり／ただ思想だけがわたしたちのも
のであり，その目的は違う」。ホレイショとのこの対話においてハム
レットは幾度もこのモチーフを取り上げている。「…そしてそれはわ
たしたちに教える／神がわたしたちの目的を形づくる／わたしたちが
それを企てるように」（V, 2; A. W. Schlegel 訳）。

19)　Georg Simmel, Der Begriff und die Tragödie der Kultur, in:
Gesamtausgabe, hg. von Otthein Rammstedt, Frankfurt am Main 1989
ff, Bd. 12, S. 194-223〔ジンメル「文化の概念と文化の悲劇につい
て」円子修平・大久保健治訳，〈ジンメル著作集 7〉白水社，2004
年，253-87 頁〕，この箇所については S. 216〔277 頁〕。同じく ders.,
Die Probleme der Geschichtsphilosophie, ebd., Bd. 2, S. 279-421〔『歴
史哲学の諸問題』生松敬三・亀尾利夫訳，〈ジンメル著作集 1〉白水
社，2004 年〕，この箇所については S. 316〔39 頁〕。カッシーラーは
遺稿のなかで次のように書いている。「作品は，特有の実体（οὐσία）
を持っている——継続的なものとして持続する形式（εἶδος）——
これが作品の永遠性——そして，この形式によって，作品は，創造
する個体〔…〕にとってはまったく見渡し難い仕方で，作用を及ぼ
し続ける——この意味で次の言葉が当てはまる——「いかなる織匠
も，自分が織っているものを知らない」（Cassirer, Zur Metaphysik der

神への目覚めと人間の成立

何が人類の運命的発展の全体を方向づけ，それに形態を与えているのだろうか。ここで『新しい学』はそのように問いを投げかける。「歴史」と「文化」の概念はそれぞれ異なった体系的な結論を伴っているが，これから見ていくように，それでもこの両方がこの問いにはあてはまる。ヴィーコにとってここは何も大騒ぎする場所ではないのである。なぜなら問いの解決は，彼の眼にはとっくに，それどころか正確に言えば常にすでに用意されているからである。人間の意欲と努力を方向づけ，有限的世界の偶然性にその安定した支えを与えているのは，ヴィーコがたびたび強調しているように，神の摂理による力である。このような背景から，批判的に拡充・改版された『新しい学』の課題は理解される。すなわち「それを通じて諸民族が世界に出現し保持されている公的な道徳的諸関係と政治的習俗」[20]における神の業を明らかにすることが，それである。ヘーゲルに至るまでの他の多くの哲学的思考が企てたように，『新しい学』もまた弁神論として理解される。ヴィーコ自身が言うところの，「神の摂理の合理的政治的神学」[21]である。

---

symbolischen Formen, a.a.O., S. 125〔カッシーラー『象徴形式の形而上学——エルンスト・カッシーラー遺稿集 第一巻』笠原賢介・森淑仁訳，法政大学出版局，2010 年，179 頁〕)。この定式はハイネの『ロマンツェーロ』にある「年月は到来しまた過ぎていく——／機織り機では熱心に／糸巻がうなりあちこちへ動き回る——／自身が織っているものが何であるか，その人は知らない」に遡る（Heinrich Heine, *Werke*, hg. v. Christoph Siegrist, Frankfurt am Main 1968, Bd. 1, S. 240 以下〔『ロマンツェーロ』井上正蔵訳，〈ハイネ全詩集 IV〉角川書店，1973 年，365 頁〕。

20)　Vico, *Prinzipien einer Neuen Wissenschaft*, a.a.O., S.7, cap. 5〔『新しい学』上，23 頁〕.

21)　Ebenda, S. 4, cap. 2〔『新しい学』上，17-19 頁〕.

　これらの言葉とともにヴィーコは彼に独自の思考を著作
冒頭で直ちに提示している。まずもって彼は太古の原初を
回顧し，人類史の発展全体を苦心して考察の舞台に引き出
そうとする。その叙述はノアの子孫にまで遡る。彼らは野
生的で恥知らずな生活を営んでいたが，ある日，激しい嵐
が乾いた大地に襲いかかり，粗野な生活を送っていたおか
げで巨人になってしまっていた迷える人間たちを，はじめ
ての稲妻が驚愕させた。空を仰ぎ見て彼らは，みずからの
やり方で自分自身から状況を推理しつつ，あの上の方に気
象の原因を推測し，空を生き物として想像したのであろ
う。それを彼らは，稲妻と雷鳴によって真に震え上がらせ
るこの瞬間において彼らに語りかけてきた神々の第一のも
のとして，ユピテルと名づけた[22]。

　ヴィーコはこのシーンを原初的な覚醒の事態として，そ
れどころかさらになお，文化成立の鍵となる出来事として
ありありと思い浮かべさせる。文化は（「稲妻」という感
覚データとしての）事実と（それに帰される）意味の分離
から生じる。この「稲妻のように」獲得された洞察の伝統
に，ヴィーコはみずからの思考を位置づけている。実際，
落雷の瞬間における原初についてのヴィーコの語りは多く
の類推——声と雷鳴，人間と神の身体性，自然の出来事と
神の言葉，言語性と宗教性——を招き入れている。それら
はかき乱され，みずからの生活の重苦しさから不意に引き
裂かれた人間に対して瞬時にその世界の環境における被造
物としての地位を思い知らせる[23]。それまではみずからの

---

　22)　Ebenda, S. 173 f., cap. 377〔『新しい学』上，300-01頁〕; S.
174 f., cap. 379〔303-04頁〕も見よ。
　23)　稲妻がこの移行の唐突さを把握するための絶対的隠喩であ
るのは明白である。プレスナーでさえそれを，意識化の始動を記述し
説明する際に次のように用いている。人は「とにかく本来的に精神的
なものを決して物体的なものから導出できず，その生起において把

粗野な生存を取り囲むものでしかなかった世界が，いまや
彼らにとって意味を持つものの集合体となる。

　この新しい，電光石火のように打ち立てられた世界関係
の隠された法則とは，この特権的瞬間に意識され，直に感
知された擬人観である。この世界がほかならぬ人間的で
あるのは，かの稲妻のような「照明」を目撃した者たち
が，彼らと似ているものをその原因として認めるためであ
る。ただしこの革新の真のスケールと特質を理解するため
には，より詳細に状況を観察しなければならない。世界の
事柄を人間のものにするための言語，自己意識，意味が，
名づけえぬ驚愕の瞬間において生起する，ということは明
らかである。ヴィーコの説明によれば，戦慄はそれに神的
な原因があてがわれたときにはじめて払いのけられたと
いう。それは本質的な特徴において人間と類似しており，
それゆえまったく馴染みがないというものでもなかった。
ヴィーコはここで古い思考モチーフを拾い上げながら思い
を巡らす。人間は小さな神々として互いを認識したが[24]，
その第一の神を自己自身の他者として認識したのである，
と。

　ヴィーコの思考が異端的ないし宗教批判的であったこ

───────────

握することはできない。ここではまさにまったく新しいもの，ある精
神的な本質性が付け加わっている。それはあたかも稲妻のようにここ
で落ちてくるのである」(*Elemente der Metaphysik. Eine Vorlesung aus
dem Wintersemester 1931/32*, hg. v. Hans-Ulrich Lessing, Berlin 2002, S.
182)。

　24)　ヴィーコが「作ること」と「作ったこと」のパトスととも
に，神の産出性を模倣することにおいて実現する人間の似像性とい
うプラトン的・キリスト教的イメージを取り上げているということ
を，レーヴィットも同様に強調している。Löwith, Vicos Grundsatz,
a.a.O., S. 200 u. 218 f. 参　照。Vinzenz Rüfner, Homo secundus Deus.
Eine geistesgeschichtliche Studie zum menschlichen Schöpfertum, in:
Philosophisches Jahrbuch 63, 1955, S. 248-91 も見よ。ヴィーコについ
てはその S. 275 f.。

とは少しもない。此岸の世界と彼岸の世界とを均等化することは、彼にとって最も遠いところにあるものである。ヴィーコの関心事とはまさに、これら両世界を対応させる戯れであり、その実践のなかで人間的なものが示されるような象徴形成のプラグマティズムなのである。ヴィーコが史実と見なす神話は、落雷による突然の燃え上がりを、世界が意味を獲得し、現実の諸対象が神的な記号言語の様態で露わになった瞬間として語る。世界は隠喩に満ちたものとなる。稲光と雷鳴によって自己自身を意識するようになったこの世界の住人としての人間は隠喩を形成し、象徴を生み出し、記号を解釈する動物としてみずからを認識した。一気に事物は表情を持ったのである。騒音は声と音色に、暗がりは人影とシルエットになった。客観世界は、それ自身でない何事かを想像し、示唆するために、自己の外を指し示し始めたのである。

　世界に対する理解は原初においてこのように呼び起こされた。ここにヴィーコは言語とともに時間の由来を見ている。時間は、彼が付け加えているところでは、その全体において円環の形象を通り抜けるものである。諸民族の本性は、はじめのうちは粗野だが、それからきついものとなり、次いで善良に、さらには柔軟に、そして最後に放縦でだらしないものとなる[25]。「感官の野蛮」にはじまり、発展は最後には「反省の野蛮」に到達する[26]。はじめに人間は森を切り開き、開拓する。象徴に満ちたこの深層心理的行為において、自然は文化によって克服され、置き換えられる。その後で最終的には、「最も激しい派閥争いと絶望的な内戦」[27]の結果として、街は変容し森へと逆戻りする。

---

　　25)　Vico, *Prinzipien einer Neuen Wissenschaft*, a.a.O., S.117, cap. 242〔『新しい学』上、207 頁〕.

　　26)　Ebenda, S. 604, cap. 1106〔『新しい学』下、503-04 頁〕.

　　27)　Ebenda, S. 605, cap. 1106〔『新しい学』下、504 頁〕.

ジョヴァンニ・バッティスタ・ピラネージ
《ティトゥス帝の凱旋門》1760年頃

ヴィーコはこの上昇と下降の壮大な円曲線を，自身の直観
にとって実際に馴染み深いものであった同郷のピラネージ
の風景画を思い浮かべるように記述している[28]。

　人間が調達し整えたものが堕落するのを防ぐことができ
る唯一のものはやはり摂理であって，ヴィーコはそれを讃
えることによって文化成立神話を厳粛に完結させている。
実際『新しい学』は節度ある思慮深さによる作品である。
人間自身に委ねられた文明の発展は没落によって脅かされ
る。それを目の当たりにすることで，人間はみずからの基
礎的な欲求と真の拠り所を思い出す。それによって，何
がその意図と願望のイメージであったとしても，「諸民族
の第1の世界が持っていた繰り返される初期人類の率直
さ」[29]へと時宜を得て人間は引き戻されるのである。

　28）　それについてより詳しくは Norbert Miller, *Archäologie des
Traums. Versuch über Giovanni Battista Piranesi*, München/Wien 1978, S.
68 ff., u. 413 f.

　29）　Vico, *Prinzipien einer Neuen Wissenschaft*, a.a.O., S. 605, cap.
1106〔『新しい学』下，504頁〕.

第2節　ルソーと人間の自己創造

ヴィーコとルソーの距離

　人間の条件とはどのようなものであるか。ヴィーコはこの問題に立ち返ることで，諸学問の基礎を打ち立てようとした。彼の業績がたびたび称賛されてきたのももっともである。世界において神が作用していることを苦心しつつ証明するによって，指示と意味のネットワークである人間的な事柄への眼差しは開かれる。その事柄とは「諸民族を世界に出現させ，持続させるものとしての習俗」である。それゆえカント[30]とともにカッシーラーもまたその晩年に著作『人文学の論理』を構想するに際し，このイタリアの哲学者と彼が推進した「人文知」の復権に賛同したというのは偶然ではない[31]。ヴィーコは自然によって与えられたものから人間によって生み出されたものへと注意を向け変える。それによって彼は，世界の人間化のプロセスを意識し高く評価しただけではなく，現実とその真理が存在すると

---

[30]　1794年のヤコプ・ジギスムント・ベック宛カント書簡（in: *Akademie-Ausgabe*, a.a.O., Bd. 11, S. 514-16, この箇所に関してはS. 515〔『カント全集22　書簡II』木阪貴行・山本精一訳，岩波書店，2005年，246頁〕参照。「しかしわたしたちはただわたしたち自身がつくることのできるものだけを理解し他の人々に伝えることができるのです」――そしてこの超越論哲学者は付け加える――「あれやこれやをひとつの表象にもたらすためにわたしたちがあるものを直観する仕方が万人に同じものと見なされうると前提するなら」。

[31]　Cassirer, Zur Logik der Kulturwissenschaften, a.a.O., S. 363 ff. 〔カッシーラー『人文学の論理――五つの論考』齊藤伸訳，知泉書館，2018年，132-33頁〕. Johann Kreuzer, Ästhetik der Kultur: Vicos Neue Wissenschaft, in: *Komparative Ästhetik. Künste und ästhetische Erfahrungen zwischen Asien und Europa*, hg. v. Rolf Elberfeld u. Günter Wohlfahrt, Köln 2000, S. 339-56 参照。

いうことに，人間はどれほど関与することが許されている
のかという，根本的な問いのために道を拓いたのであっ
た。

　ヴィーコはしばしば「反啓蒙主義者」と貶められるが，
それは違う。哲学的関心のヴィーコ的転回は断固として近
代的である。世界の意味はいまやもう，絶対的起源から導
き出されるのではない。むしろ，生き延びようとする者，
そうした希望のもとで世界を自分で整える者の思惑，憶
測，期待からそれは構造化されるのである。この労苦と骨
折りの総体よりほかに，世界の人間化を定式化するものは
ない。もっとも，我が道を突き進むあまり，彼が二重の時
代錯誤に陥っていたということは見られなければならな
い。まず，ヴィーコは自然科学の新たな権力と近代との境
界に置かれていた非連続性について言及することなく無視
する。加えて，復興の期待，以前の状態の再生という理念
にひどく執着している。ヴィーコの基本的なジェスチャー
はきわめて深い「敬虔な学問」（レーヴィット）と対応し
ており，1 世紀前のベーコンの場合のような新たな船出へ
の渇望とは合致せず，あるいは彼の少し後に登場したル
ソーの場合のような，新たな社会的政治的秩序をどこまで
も求めていくという批判的要求と姿勢も持ってはいなかっ
た。

　ともに同じ時代を生きたわけだから，ヴィーコとジャ
ン＝ジャック・ルソー（Jean-Jacques Rousseau, 1712-1778）
を同時代人と見なすことも間違いではないのだが，それに
は抵抗感があろう。ヴィーコはヨーロッパの最果てにおい
て，些事にうるさい博学の代表者として登場する。それに
対してルソーはヨーロッパの中心で活躍し，40 ページに
満たないが相当な射程を持つ書であるその処女作『学問芸
術論』によって，フランス語圏を越えてすでに広く知られ

ていた[32]。その受容が遅く，いつも散発的で一面的なもの
に留まっていたヴィーコとは違って，ルソーは今日に至る
までその時代とヨーロッパの観念史において最も影響力の
あり，かつ——その場合しばしば付け加わってくるように
——最も論争の的となる偉大な精神に数え入れられてい
る。

逆説を生きるルソー

　このスイスの知識人の驚くべき一連の論考の多くは，
1750年から1780年の間に公刊された。そこでルソーは葛
藤を体現するという役割をみずから担った。それが彼の輝
かしい登場をお膳立てしたのである。ルソーはまさに，矛
盾を排除しないだけではなく，それを探求する知性という
形式を具体化したヨーロッパにおけるはじめての思想家で
ある。同時代の思想家たちはみな合理主義的に思考してい
た。彼らが要求したのは，事実を確定し首尾一貫して論証
を行うことであった。彼らの目には，いずれにしても，ル
ソーが軽薄にも不合理なものと戯れているかのように映ら
ざるをえなかった。ルソーの読者であればその振舞いが何
に基づいていたのかを知っていたし，今日にもそれはまた
明らかである。ルソーという男はベストセラー作家であり
小説家でありながら，同時に小説を読むことの危険を公衆
に対しむきになって警告した。彼は影響力ある教育者であ

---

32)　Jean-Jacques Rousseau, *Abhandlung [über die Frage], ob die
Wiederherstellung der Wissenschaften und Künste etwas zur Läuterung
der Sitten beygetragen hat?* Hg. v. Ralf Konersmann u. Gesine Märtens,
St. Ingbert 1997〔『学問・芸術論』平岡昇訳，〈世界の名著30　ルソー〉
平岡昇編，中央公論社，1966年，59-96頁〕参照。このテクストは
早くも1752年にヨハン・ダニエル・ティーツによってドイツ語訳
され，ライプツィヒで出版された。その影響については *Rousseau in
Deutschland. Neue Beiträge zur Erfassung seiner Rezeption*, hg. v. Herbert
Jaumann, Berlin/New York 1995 参照。

りながら，彼の実の子どもたちに教育を拒み，しかもその
ことに悩むことがほとんどなかった。それこそ彼の感受性
の過剰さである。彼は文化の考察者であり，文化に対する
情熱的な批判者であったが，それにもかかわらず哲学者と
呼ばれることを拒んだ。

　パラドクスの大家としてルソーは躓きの石となった。彼
の攻撃や，それどころかその度を越した態度が的確であっ
たことは，今日に至るまでそれらが挑発的であり続けてい
ることからも明らかである。ルソーに対する 2 種類の反
応がとりわけ顕著である。ある人々は「ルソー主義」とい
う軽蔑的な語り方をすることで，この思想家を無視しても
構わないとする，後々まで響くことになった免罪符を発行
した（このルソー主義という合言葉は 19 世紀の終わりに世
紀末気分に対する非難として生まれた）。長きにわたり，ほ
とんど 19 世紀全体を通じて，ルソーに対する真面目な取
り組みは拒否されたのである。他の人々，とりわけ専門の
哲学者たちは，「問題」について語り始め，この言葉の全
体的な意味に価値を置いた。ルソーは問題になった──哲
学の問題になったのである。

　そこで想定されていたのは，特殊な問いの設定ではな
く，ルソーによって創始され具体化された知的態度の全体
的な特徴の組み合わせであり，彼によってまとめあげられ
た挑発の潜勢力なのであった。「ルソー問題」とは，彼の
著作が言説の限界を無頓着に越えているということ，服を
とっかえひっかえするように彼が自身の概念や定式を性急
かつ好き勝手に取り替えてしまうように見えること，状況
もわきまえずにみずからの考えを感情に結びつけること，
理性と道徳とをわけもなく混ぜ合わせること，透明さを主
張する者であった彼がよりによってためらうことなく偽装
とごまかしを用いていたこと，個人の自由を保証するよう
誓いながらも同時に個人は徳の専制に服従するべきとする

ことに存している。つまりひとことで言えば，ルソーが公
の成功を少なくとも危険にさらすことなく極度に複雑な主
張や理論を提示したことこそ，問題だったのである。危険
にさらすどころか事情はまさに反対であった。彼の身振り
の思い上がり，彼の言葉のどぎつさ，彼の反抗の尊大な姿
勢のためではあったが，読者はこの熱弁家の荒々しい思考
に魅せられたのである。

近代的主体性の徹底

　ルソーは気まぐれでありながら魅惑的に語る。カッシー
ラーの解釈は，この知識人の作品が今日に至るまでに獲得
した注釈の最も独創的なものに含まれる。ルソーに対する
取り組みの頂点を示しているのは，カッシーラーがハン
ブルク大学正教授として教鞭を取っていたころ，1931年
2月27日にパリのフランス哲学会で行った講演である。2
年ほど前にフッサールが『デカルト的省察』の元になる原
稿を使い講演を行ったのと同じ場所で，フッサールと同様
にカッシーラーもまたフランス精神史を題材に選び，「ジャ
ン＝ジャック・ルソーの著作における統一性について」と
いう題で語った[33]。そこではディドロが肯定的に引用され
ている。ディドロは1759年6月にルソーの論争書を，こ
の人物に立腹したからといって著者に相応しい尊敬を拒む
よう誘惑されることのないように，というコメント付きで
配布していたのだった。

　ルソーを精神の再生者として，精神の革命家として描く
とき，カッシーラーもまた解釈学的公平性を示すこの原則
に従っている。知識によって幸福に近づくことができると

---

[33]　この講演にはドイツ語訳がある。Ernst Cassirer, *Die Einheit des Werkes von Jean-Jacques Rousseau*, hg. v. Rainer A. Bast, Köln 1998. ルソーに関するカッシーラーの他の書き物や発言についてはこの編集者による序言が詳しく伝えている。

いうまさに 18 世紀に特有の期待に疑義を呈し，それどころかより辛辣に，その期待を偽りのものであると糾弾することで深く揺さぶりをかけたのが，ルソーであった。しかし時代精神のコンセンサスに対するこのような抗議はもっぱら，みずからの立場を我流で確保しなければならない知的よそ者の所業でしかありえなかった。いまや外的な権威に頼ることは禁じられている。誰に代わってもらうこともできない人格が，自身の発言に責任を負わなければならないのである。その機を捉えることで，ルソーは近代の地盤において真理の声に確実性を付与したのだとされる。このやり方が実際に彼にとってうまくいったかどうかは，別であるが。

　しかしこの真理はその徹底性と決断力の点で，ヴィーコのそれを遥かに越えていく。1750 年と 1755 年のふたつの論考〔『学問芸術論』と『人間不平等起源論』〕の著者ルソーであれば，ヴィーコの『新しい学』が描いた文明衰退のシナリオに即座に同意しただろうというのはたしかに言える。それは，最低限の欲求充足に最初は甘んじていた人間が，その後でいかに快適さと心地よさをさらに発見したのか，その結果すぐさま贅沢に耽るようになり，資源を浪費するようになったのかを叙述するものであった。ルソーもまた，神の道と人間の道が別々であること，『エミール』の冒頭でただちに言われているように，創造主の手から作り出されたのだからすべては善ではあるが，それに触れるや否や人間は退化するということを思い起こさせている。すでに『学問芸術論』の第 1 部の末尾で，ルソーはさらに考えを進めている。没落を運命づけられた文化世界における節操のなさと贅沢に，軍人ファブリキウスの姿をもって善き野蛮人という深く逆説的な理想像が対置されるのである。それはまさに革命家マラーが少し後で称賛することになる模範である。貧しく，「粗野で，商売も，技芸も，産

業もないが，しかし自由である」[34]というのがそれだ。

　ただし，これらの引用や参照のすべてによっても覆い隠すことができないのは，文化をテーマとしたルソーによる叙述には——すでに『学問芸術論』とともに——同時に様々なものとの「断絶」があるということである。ルソーの体系には，ヴィーコが神的摂理とそれによって打ち立てたような，弁神論的な神の存在への信頼に割り当てられた箇所がない。さらに言えば復興・再生という思想的モチーフが彼にはないのである。ヴィーコが都市を，人間が森林の荒涼さから引き出してくる文化の象徴と解したのに対し，ルソーは「都市の哲学者たち」に対して嘲り笑ってみせる。旧友ディドロも含めて，そのような同時代の哲学者たちはルソーを「悪者」[35]として攻撃し，群衆のための物笑いの種にしていた。けれどもルソーが確証するところでは，そのことを容易く忘れさせてくれるほど，彼らの欠点は甚だしい。

　ルソーの反論，抗議や非難は，もはや復興を狙うものではまったくない。それどころか，「自然へ還れ」と人が彼をまねて言うところのものは，彼の思考にとって実際には疎遠のものである。その代わりにルソーは，とりわけ『社会契約論』と「徳についての手紙」の著者として，市民社会とその秩序の形成力に改めて賭けている。その「すべてに万人が責を負っている」[36]と彼は言うだろう。しかし，

　　34）　Michel Foucault, *In Verteidigung der Gesellschaft. Vorlesungen am Collège de France (1975-1976)*, Frankfurt am Main 1999, S. 227 以下〔『社会は防衛しなければならない（コレージュ・ド・フランス講義 1975-76）』石田英敬・小野正嗣訳，〈ミシェル・フーコー講義集成 6〉筑摩書房，2007〕参照。引用は S. 228〔196 頁〕。

　　35）　1757 年 3 月 13 日付デピネイ夫人宛ルソー書簡（in: ders., *Correspondance complete*, hg. v. R. A. Leigh, Bd. 4, Genf 1967, S. 171）。

　　36）　Jean-Jacques Rousseau, Brief über die Tugend, in: *Kulturkritik*, hg. v. Ralf Konersmann, Leipzig 2001, S. 44-51〔邦訳はジャン・スタ

この方向設定によってルソーは社会的なものとその諸概念を新たに構築するために純粋な批判を諦める。そこには，神はわたしたちを救うことができないという近代に特有の洞察が含まれている。カッシーラーがこの思想の帰結をまとめているように，いまや人間自身が，そして人間のみが，「自己自身の救世主に，そして倫理的な意味でみずからの創造主になら」[37]なければならない。

ルソーは哲学者なのか

　カッシーラーがいかにルソーの根本的発想をわずかな紙幅で要約し，文化哲学的視座へと押し入れているかということについて見ることは啓発的である。そのための手がかりとなるのは，今日では忘れられてはいるが，20世紀初頭におけるドイツ・フランス両国の政治的・精神的関係を追跡し，その歴史的な接近と離反を研究したヴィクトール・バッシュ（Victor Basch, 1863-1944）の考察である。バッシュは，今取り上げている1931年2月のカッシーラーの講演を聴いていた。彼はそれに続くディスカッションにおいて，ルソーというのは本当のところただ自己表現の人で，「芸術家的精神の持ち主」であり，表現世界の哲学的実体とは無関係で，無関係でありえたような「思

ロバンスキー『告発と誘惑——ジャン＝ジャック・ルソー論』浜名優美・井上櫻子訳，法政大学出版局，2019年，339-49頁に掲載されている］，この箇所については S. 47〔345頁〕。「だからわたしたちはわたしたちの内へと耳を傾け」とルソーはさらに書いている，「自分たちの心に問い尋ねるのです」。その続く文は，初期の反抗的なジャン＝ジャックと，英雄的孤独と「万人の意志」との狭間で巧みに動き回る後期ルソーとの間の距離を理解可能にしてくれる。「誰しも感じているのは，自身の幸福がみずからのなかにあるのではなく，自身を取り巻くもののすべてに依存しているということです」（Ebenda, S. 50〔347頁〕）。

　37)　Cassirer, Die Einheit des Werkes, a.a.O., S. 33.

想の音楽家」[38]であったのではないか，という意見を述べた。ここでバッシュはカントを引き合いに出す。カント自身はルソーを高く評価し，その書物にかけられた魔術を解こうとしていた。それゆえバッシュが次のようなカントの文字通りの決意に自身の判断の根拠を求めているのは皮肉なやり方である。「表現の美しさ」にもうまったく煩わされることのないくらい，長い間ルソーを読まなければならない，「そうしてはじめてわたしは彼を理性によって見渡す（übersehen）ことができる」[39]のだ，そうカントは自戒しているではないか，とバッシュは言うのである。

　講演者でありルソー解釈者であるところのカッシーラーがバッシュに反論することはなかった。しかし彼はカントのこの説明の微妙な言葉選びと，とりわけそこから引き出された結論に対しては噛みついている。遺稿にある表現から明らかなように，カントはルソーを理解しようとせず，それどころか彼を利用して自身の概念世界の建築術へと引き入れようとする。先の引用の結論に導入されたübersehen という言葉には，底知れぬ二義性がある〔ドイツ語の動詞 übersehen には「見渡す」と「見落とす」というふたつの意味がある〕。つまりカントが言わんとしているのは，ルソーの遺産から彼を統合的に解釈したうえで出てきたものは，諸概念の体系へと――それについてさらに

---

38)　Ebenda, S. 53.

39)　Immanuel Kant, Nachlaß, in: *Sämtliche Werke*, hg. v. G. Hartenstein, Bd. 8, Leipzig 1868, S. 618. または Fragmente, a.a.O., Bd. 20, S. 30. カッシーラーはハルテンシュタインの以下の論文のまとめを引用している。Hartenstein, Kant und Rousseau, in: *Rousseau, Kant, Goethe*, hg. v. Rainer A. Bast, Hamburg 1991, S. 3-61, この箇所については S. 8。この問題については Reinhard Brandt, Rousseau und Kant, in: *Wechselseitige Beeinflussungen und Rezeptionen von Recht und Philosophie in Deutschland und Frankreich*, hg. v. Jean-François Kervégan u. Heinz Mohnhaupt, Frankfurt am Main 2001, S. 91-118 参照。

なお何事かが言われうるにしても，言語の形態と完成から
は独立しているべき真理の叙述範型へと——厳密に還元さ
れ，そこに留められるべきだということなのである。

　それは言うなれば「概念による酔い覚まし」なるもの
で，しばしばカントによって，また後にカント主義者たち
によって一貫して先鋭化された傾向である。しかしカッ
シーラーは哲学的読者としてそこから身を引き離し，——
彼の思考様式一般を特徴づけているあの抑制をもって——
いまやその傾向も分をわきまえるべきだとたしなめてい
る。このようにカッシーラーは力点を変更するわけだが，
その意義についてはいくら高く評価してもしすぎることは
ない。ルソーの言語世界はレトリックの横溢かもしれない
が，それは添え物として削除されるのではなく，——それ
もまたパラドクスに満ちたかたちをもつものではあるが
——哲学批判の実践として現れてくる。哲学者ルソーが哲
学的でない手段を利用したのは，啓蒙主義的な有用性と通
俗性の要求に由来する哲学的思考のトリヴィアル化という
傾向に抗して，世界を哲学的に考察することの範囲全体を
刷新し，正当化するためであった。

ルソーの読者カッシーラー

　カッシーラーのパリ講演は記憶に値するものである。そ
こで公衆の前に現れたのは，ルソーの読者としてのカッ
シーラーの姿であった。カッシーラーは「認識の分析」か
ら「意味の分析」[40]への転換を完成しようと試みながら，
同時にこの転換の精神史的な起源としてルソーを捉えよう

　40）　これらの定式は『象徴形式の哲学』第2巻の該当する節を
ほのめかしている。Ernst Cassirer, *Gesammelte Werke*, a.a.O., Bd. 12, S.
10 f.〔カッシーラー『シンボル形式の哲学（2）　第二巻 神話的思考』
木田元訳，岩波文庫，1991 年，31 頁以下におけるカッシーラーの
シェリング神話の哲学に対する解釈〕参照。

とする。このような見方をとると、ルソーのイメージは一変する。独断的に硬直化した理性信仰への敵対者という周知の理解から、哲学的な言語と現実の再発見者として新たに評価されるのである。こうした読み方から得られた観点に従えば、ルソーは事柄を深く掘り下げることで哲学的概念論の核心部分を引き裂き、近代の思考が今日に至るまで取り組むことになる一連の概念的両義性を生み出したと言える。例えば彼は「感情」を、自然の直接的受容という関係のうちに位置づけたが、同時に主観的自己確証のプロセスと純粋な自発性とも結びつけた。長いこと埋もれてきた人類全体の財産を保全するものと期待されている「原初状態」の概念と並んで、ルソーの「自然」は、社会の状態と文明化の帰結とを広範に批判するために役立つような機能的仮説を意味している。「社会」という概念はつまるところ事実としてあるアンシャン・レジームだけではなく、目下の情勢の克服を前提とする理想状態もまた意味している。内容的な検討を越えて、このルソー的概念世界を再構成することは、結果と出来上がった教義においてではなく、後に成立する文化哲学のように、「現在進行形の思考」（Denken in Bewegung）として伝えられるものの構造を明らかにしてくれる。

　この反省は文化の問題をみずからの中心的な挑戦課題として把握する。生きる実存から純粋な思考が挑戦を受けるのである。カッシーラーが明らかにしているように、独断的形式と手を切り、哲学的思考に新たな言語をもってある新たな課題領域——知が生きることに対して持つ有用さを吟味することで「人間に特有の世界を構築すること」[41]へと貢献するという課題——をも開示したのは、ルソーをおいてほかにいなかったわけである。ルソーが『人間不平等

---

41)　Cassirer, Die Einheit des Werkes, a.a.O., S. 77.

起源論』において語っている自然状態の解釈は，ここで根本的に転回する。というのも原初的な匿いである自然状態というその世界から脱出し，文明の発展に与するということは，みずからの「弱さ」によってその生の状況の安定性に対して心配を抱く必要があるような，言い換えれば文化を形成する必要があるような偶然的存在者として人間を把握するための指標と見なされるからである。この存在者の欠陥はしかしその強みでもある。カントはこの思考モチーフをさらに展開し，人間の根源的な偶然性が「人間自身によって選び取られたその目的に従って自己を完成させる」[42]ことを許すとしている。カントはルソーをニュートンと比較し，同時に〔「真なるものはつくられたものである」という〕ヴィーコ的格率の持続的な影響を際立てた[43]。次のように言うカッシーラーはカントのこうしたほのめかしに倣っているのかもしれない。すなわち，ニュートンが自然現象の多様性において物理的秩序の規則性に突き当たったように，ルソーは文化的世界の多様性において人間の隠された本性を発見した，と。

---

42)　Immanuel Kant, Anthropologie in pragmatischer Hinsicht, in: Akademie-Ausgabe, a.a.O., Bd. 7, S. 117-333〔『人間学』渋谷治美・高橋克也訳，〈カント全集 15〉岩波書店，2003 年〕，この箇所に関しては S. 321〔312 頁〕。ルソーを変奏させ，カントは自然をかの「不和の胚種」の原因をなすものと特徴づけることができると信じている。それは「文化の進歩による人間の完成」という根本モチーフを放棄するものである（Ebenda, S. 322〔『人間学』同頁〕。この文脈については Reinhard Brandt, Kommentar zu Kants Anthropologie in pragmatischer Hinsicht, Hamburg 1999, S. 468 ff. 参照）。

43)　Kant, Fragmente, a.a.O., S. 58 f. 参照。

第 3 節　シラーと野蛮からの救出

ルソーからシラーへ

　ルソーが登場し，とりわけそれにカントが反応すること
で，18 世紀後半の哲学的風景は一変した。ヴィーコより
もさらに力強く，ルソーは哲学的思考を現状に対する診断
と批判としてはっきりと性格づけたのである。そのとき視
野に入ってきたのが，文化がそのものとして持つ二分法
的特徴である——すなわち一方では（わかりやすく，あの
時代の読者には極端に好まれていたが，偏りのある他者理解
を伴っていた）自文化（die *eigene* Kultur）であり[44]，他方
では（遠く離れたところでも自分の前史の痕跡を見出して
みたいという期待と原理的に結びついていた）異文化（die
fremde Kultur）として，文化は理解されるのである。この
ように，ルソーからヘルダーを経由して伸びていく紆余曲
折した道がある。それは歴史家，民族誌家，進化論者，古
生物学者，人種学者から，「社会人類学」と最終的に現在
の民族学へとつながる長い一連の系列である[45]。この問題
系に対するルソーの模範としての位置を比類なく印象的に
表現したものとして，レヴィ＝ストロースが 1955 年に気
持ちを込めて書き記した次の言葉を挙げておこう。「わた
したちが彼に負うところ大なのは明らかであるとして，こ
の巨匠の栄誉を貶めることにはならないとすれば，やはり

　44）　Winfried Weishaupt, *Europa sieht sich im fremden Blick.
Werke nach dem Schema der »Lettres persanes« in der europäischen,
insbesondere der deutschen Literatur des 18. Jahrhunderts, 3 Bde.*,
Frankfurt am Main u.a. 1979 参照。

　45）　Wilhelm E. Mühlmann, *Geschichte der Anthropologie*, 2. Aufl.,
Frankfurt am Main/Bonn 1968 参照。

この本の――つまり『悲しき熱帯』の――すべてのページ
は彼に捧げられていると言えるかもしれない」[46)]。彼にとっ
てルソーとはそうした「教師」にして「兄弟」だった。

　未開民族について「ただぼんやりと観察するだけでもな
く，頑として拒否するのでもなく，善いことも悪いことに
関しても彼らの立場から彼らに即して学ぶ」[47)] ことを求め
る――ヘルダーのこうした理解は，進むべき道を示してい
る。ルソー受容の系譜において支配的なのは，そのような
記述的で平等主義的な文化概念である。他方で 18 世紀末
において，同様にルソーから刺激を受けながらも，文明発
展の現状を別様に規定しようとする当時のある関心がます
ます際立ってくる。1795 年に書簡集形式で出版されたフ
リードリヒ・シラー（Friedrich Schiller, 1759-1805）の論考
『人間の美的教育について』は，まさにその意味でのひと
つの時代的哲学的考察である。

---

　46)　Claude Lévi-Strauss, *Traurige Tropen*, 2. Aufl., Frankfurt
am Main 1989, S. 386〔レヴィ＝ストロース『悲しき熱帯』II，川
田順造訳，中公クラシックス，2001 年，382 頁〕. Clifford Geertz,
Die künstlichen Wilden. Der Anthropologe als Schriftsteller, München
1990, S. 43 ff.〔ギアーツ『文化の読み方／書き方』森泉弘次訳，岩
波書店，1996 年，53 頁以下〕 ならびに Dieter Sturma, Rousseaus
Kulturphilosophie, in: *Die Republik der Tugend. Jean-Jacques Rousseaus
Staatsverständnis*, hg. v. Wolfgang Kersting, Baden-Baden 2003, 27-54
頁も見よ。

　47)　Johann Gottfried Herder, Exemplare der Menschheit in
Vorstellungsarten, Sitten und Gebräuchen, in: *Werke*, a.a.O., Bd. 15,
S. 137-44，この箇所については S. 138。――ヘルダーの平等主
義的文化理解については Fritz Wefelmeyer, Glück und Aporie des
Kulturtheoretikers. Zu Johann Gottfried Herder und seiner Konzeption
der Kultur, in: *Naturplan und Verfallskritik. Zu Begriff und Geschichte der
Kultur*, hg. v. Helmut Brackert u. Fritz Wefelmeyer, Frankfurt/M. 1984, S.
94-121 参照。

啓蒙主義への懐疑

書簡の著者は観察者の立場を取っており，懐疑的な近代
人という立ち位置から現状調査を行おうとしている。シ
ラーはもう一度，直接的に参与する者が失っていた──こ
れはすでに彼の時代診断の一部である──正気と精神的熟
慮という距離を求める。彼は獲得されたものと獲得しよう
とされたもの，現実に生起したものと可能的にあったもの
とを比較する。その要約は興奮を冷ますものである。第 8
書簡においてシラーはつまるところグレートヒェンの問い
〔ゲーテ『ファウスト』における登場人物グレートヒェン
が不意に発した「ところであなた，宗教についてはどうお
考えなの？」のような核心を突く問いかけ〕を文化に対し
て立てるのである。彼は次のように書いている。時代は啓
蒙され，「少なくともわたしたちの実践上の諸原則を矯正
することに足りるくらいの」知識は見出され，公に周知さ
れていて──さらに次のように続く──「理性は感官の錯
覚と欺瞞に満ちた詭弁術から浄化されており，はじめはわ
たしたちを不誠実なものとしていた哲学そのものが，今度
はわたしたちを自然の内奥へと強く執拗に呼び戻すのです
──〔にもかかわらず〕わたしたちがなおずっと野蛮人で
あるというのは，いったいどうしたことでしょうか」[48]。

この問いはまっすぐ啓蒙主義の成果に向けられている。
シラーは初期啓蒙主義者の業績を讃える。彼らの誤謬につ
いての理論によって，精神的な偏見からの解放が可能と
なった。シラーは同様に，認識の諸条件を探求し，それを
哲学的に概念把握した合理主義者たちの業績も褒めてい
る。終いにはまた，ルソーが感情と無邪気さとを復権させ

---

48)　Friedrich Schiller, Ueber die aesthetische Erziehung, in: ders.,
Werke, Nationalausgabe, Weimar 1943 ff., Bd. 20, S. 309-412〔シ ラ ー
『人間の美的教育について』小栗孝則訳，法政大学出版局，1972 年〕，
この箇所に関しては S. 330-32〔59 頁〕。

たことを彼は称賛する。シラーのこのような言葉使いから
簡単にわかるように，ヴィーコの場合でもそうだったが，
ここでもまた，啓蒙に反対する立場から語られているわけ
ではない。啓蒙主義に賛同するか拒否するかがここでの問
題ではまったくないのである。啓蒙の意義が疑われること
なく強調され，その成果が寿がれていることはただ，時代
の観察者であるシラーの眼に飛び込んでくる諸々の所見が
秘めている劇的効果を高めるだけである。啓蒙主義の成功
は希望を叶えたわけではなく，そのプロジェクトは曖昧な
ままに残された，とシラーは確認する。この思想はただ自
分自身のためだけでもなければ，何かの党派として語ろう
としたのでもなく，普遍主義者として，人類の精神的代弁
者として現れたのだ──啓蒙主義者のこうした自己理解を
シラーはこの本で文字通り受けとめる。啓蒙主義者自身に
よって要求され，いまや彼らに帰されている基準が，シ
ラーによって行われた批判の全範囲を示している。合理的
世界説明の諸原理に比類のない信頼を置く時代も，もう終
わりに差し掛かっていた。シラーの批判はそのような時代
に対してのみ向けられていたわけではない。ここで考えら
れており，そして問いに付されているのは，むしろそれま
でに獲得された世界に関する知とヨーロッパ文化の全体な
のである。啓蒙主義が担い，理解しやすく秩序づけなが
ら，「ポピュラー」にしようと望んだものこそ，ヨーロッ
パ文化が持つ理性という遺産にほかならない。

文化と野蛮の収斂

　啓蒙主義は粗雑な図式化を行い敵と味方を分けようとし
た。シラーの時代に至るまでの諸々の知的立場は，結果と
してその秩序づけに依拠してしまっている。シラーの考察
はその図式化の裏をかく。イェーナの先駆的な観察者にし
て文化理論家であった彼は18世紀の終わりに，すなわち

フランシスコ・デ・ゴヤ
《何てお口の達者なこと》ロス・カプリチョス 第53番

フランシスコ・デ・ゴヤ
《これはもう最悪だ！》戦争の惨禍 第74番

フランス革命の結果としての恐怖政治を経験した後で，執筆を行っている。彼は憂いなき啓蒙主義者たちの知性主義のみならず，歯止めを外したジャコバン派による残虐行為をも目の当たりにしていた。彼らの蛮行は徳，平等，自由といった哲学者たちの諸原理を政治的スローガンに転用した結果であった。シラーはパリにおけるこのような出来事を症候学的に，時代の印として捉え，哲学的な意図とその実現とを対比させる。その後で彼は原理的次元において留保を加えるのである。知識は諸々の前提に依拠することで増加していくが，それによってそれらの前提は，何か比較可能な代替物さえ生み出すこともできずに解体されていく。それこそシラーが見て取る「文化のジレンマ」である。知と理性は幸運の保証を与えることも文化を効果的に安定化させることもない。ある事柄に驚愕し興奮を覚えることは，啓蒙主義者たちの期待と直接相反していることもある。だとしても，知と理性がそのような事柄のために動員されることさえあるのである。シラーだけがそのような診断を下しているわけではない。ゴヤのシリーズものである『ロス・カプリチョス（気まぐれ）』（1799 年）と『戦争の惨禍』（1810-20 年頃制作，1863 年出版）にも同様に，こうした事態に対する狼狽が記録されている。近代は，かつて解放のプロジェクトとして積極的に推し進められ，最高の頭脳による支援を見出したが，「文明」（civilisation）と「恐怖」（terreur），文化と野蛮とが収斂していくという問題に，いまやまさに直面するのである。

　例えば切羽詰まった様子で薄暗い『世の移ろいについての考察』を書いたクライストのような他の人々とは違い，シラーは彼自身が発見したものの途方もなさに抵抗し，文化と野蛮を絶対的に分離させる可能性へともう一度決意を新たにする。陶冶形成〔Bildung, 教養〕の理念によって，彼はいまや明るみに出たジレンマをひとつひとつ解明

し，文化の目標を人格性の発展という次元において刷新するという解決を見出す。知は自己閉塞してしまう。だからひとりひとりの個人が熟達した指導のもと「美的文化」と「実践的文化」を獲得し身につけることで，知を助けてやるべきなのである。第 13 書簡が約束しているように，「世界ときわめて多様に触れることのできる受容能力を生み出すこと」と「理性のほうへと活動性を極度に駆り立てること」がうまくいけば，「人間は現実生活の最高の充実をもって最高の自立性と自由とを結合し」，世界を「その現象のまったき無限性もろとも自己のうちに引き入れ，人間理性の統一に屈服させることでしょう」[49]。文化批判にはルソーの読者シラーという側面が垣間見えるが，彼の場合そこからさらに続いて出てくるのが「文化の救出」というモチーフである。思想史的に見れば，シラーの文章が記述しているのは，危険にさらされた啓蒙主義の理想との連続性を確保することであり，現実の歴史として見れば，啓蒙を実現するに際して不可避な政治的・実践的欠陥に対して，ポスト革命的な代替案を提示することである。差し迫りつつある，いやまさにテロルとしての革命の実践においてすでに顕在化していたところの，文化と野蛮の収斂は，ある新たな収斂によって妨害され，交代させられる。いまや，美学，陶冶形成，文化が収斂していく。それは多くを約束するとともに，いまでもなお論争の的となっている。

---

49)　Friedrich Schiller, Ueber die aesthetische Erziehung des Menschen, a.a.O., S. 349〔シラー『人間の美的教育について』小栗孝則訳，法政大学出版局，1972 年，86 頁。この邦訳書では Kultur は「文化」ではなく「教養」と訳されている〕．——マルクーゼ宛の 1960 年 2 月の書簡においてホルクハイマーとアドルノはシラーの問いをほとんど文字通りに繰り返している（Stefan Müller-Doohm, *Adorno. Eine Biographie*, Frankfurt/M., 2003, S. 408 参照）。

第 3 章

文化哲学の歴史

文化の審美化と弱体化

　革命に伴うテロルという事件とは，根深い動揺の表現形態であり，文化の危機であった——シラーがこのように解釈していることは見逃されるべきでない。この診断に対するひとつのリアクションが，彼の後期著作において展開され，顕著な影響力を持つ陶冶形成というコンセプトであった。このコンセプトによって，シラーは啓蒙主義の理念的要求を保持しようとするが，同時にその要求を変化した諸関係にも適合させ，より穏当な軌道へと向け直そうとする。

　陶冶形成というコンセプトの使用において，世界の完成から人間の自己完成への転換が生じている。こうした打開策のモチーフは理解可能なものだが，その場合でもやはり憂慮すべきものが同時に出てくる。「世界の散文」の抗い難い印象に面前し，シラーは防衛と逃亡よりもましな方策を知らない。彼は手紙の差出相手であるヘルダーに次のように訴えている。詩の精霊は自身が「現実世界の領域から」回帰するように仕向けられているのに気づくので，当然の如くそこから「きわめて厳格に離脱すること」を求めてくる。詩の精霊は「遠く離れた理想の時代」と「ギリシア神話」の精神的血族である。それゆえ，この「現実はただ彼を汚すだけだから」，あの彼自身の世界へと引き戻さ

れなければならない[1]。

　シラーは「脱神格化された自然」[2]を詩によって再魔術化する。彼とならび，サミュエル・T・コールリッジや，半世紀後のマシュー・アーノルド，ジョン・ラスキンもまた，イギリスでそのような考察を表明することになろう。「文明」の現象形式と産業革命がきっかけとなって生活態度は変化したが，それをきっぱり拒否する「美的文化」[3]のプロジェクトが，水面下の論争を舞台として彼らとともに始まる。それによって文化の概念は，芸術，教養，学問に制限される高等文化へと狭められていく。そこには致命的な帰結が伴っていた。つまり，世界の散文を回避することによって，文化的事実一般の指示機能が抑えつけられ，文化は諸々の特殊領域へと孤立させられていったのである。一度このような仕方で分割されてしまえば，文化的世界は，博物館への隔離によってその生存を延長するようなもの，それゆえ生活にはなくても困らないのではないか

---

1)　1795年11月4日付ヘルダー宛シラー書簡（in: Schiller, *Nationalausgabe*, a.a.O., Bd. 28, S. 98）。

2)　Friedrich Schiller, Die Götter Griechenlands, in: *Nationalausgabe*, a.a.O., Bd. 1, S. 194.――この詩句は有名なマックス・ウェーバーの「世界の脱呪術化」（Entzauberung der Welt）という言葉を先取りしている（それについて詳しくは Johannes Weiß, *Vernunft und Vernichtung. Zur Philosophie und Soziologie der Moderne*, Opladen 1993, S. 16 ff. u. 96 ff.）。

3)　Schiller, *Ueber die aesthetische Erziehung*, a.a.O., S. 388〔「人間は欲求を，いっそう高貴にすることを習って，それによって崇高になろうとする必要をなくさなくてはなりません。このことは，美的教養〔美的文化〕によって果たされるもので，美的教養は，それについては自然律も理性の法則も人間の随意に任せているいっさいのものを，美の法則に服従させ，そして美が外的生命に与えている形式の中に，内的生命を開いてくれるのです」（シラー『人間の美的教育について』138頁）〕。同時代の批判については Georg Bollenbeck, *Bildung und Kultur. Glanz und Elend eines deutschen Deutungsmusters*, Frankfurt am Main 1994, とりわけ S. 136 ff. 参照。

と思わせるものを，もっぱら収集することであるかのような見かけを呼び起こす。文化は言葉が持つ意味を最終的に失ってしまい，弱体化し，自分自身がなんだかわからなくなっていく。例えば記念日や祝祭日の時間などがその代表格にほかならない。文化に関係のない時間や季節という尺度によって，きりの良い数という誘惑以外に何も特徴づけるものがないところを際立たせるというのは，記念日というものに固有のありかたである。こうしたかたちで意味をでっちあげること以上に無意味で恣意的でないものもまずない。実質的な基準や認識可能な参照物もなく，現実的に個別的なもの（出来事の日付，生涯の日付，出版の日付など）を引っ張り出し，呆然とする公衆の面前に立てることで，膨張し続ける過去的なものの空間から絶え間なく引用を行っていく。些細なものとなった文化は終いに「企業・経営」の集合体に姿を変えて現れる。

　19世紀に蔓延する歴史主義の動向において明白となるそのような諸々の帰結は，〔シラーの生きた〕1800年頃にはまだ予測可能ではない。それどころか「社会」，「文明」あるいは「産業」といった諸概念が後に付け加わることにより多様化する文化概念は，いまだ決着のついていない異質なものである。このことはシラーの解決策をめぐる論争において明らかとなる。コンセプト的には「美的文化」というイメージはすでにヘルダーとその人文主義的な比較文化論の路線からは逸脱している。ヘルダーらの文化理解にとって，文化の自己分裂や，危機的な自己乖離がどのような帰結を持つかについて診断することは，基本的にテーマではない。文化批判というルソー的なポーズをシラーは引用するが，それはヘルダーの意に介するものではない。同様にまた高等文化というシラーの埋め合わせ的な理念から伸びている道は，ゼンパーにも，あるいはまたゼンパーから半世紀ほど後に展開される文化哲学のヴィジョンにもま

たつながってはいない。後者はまさに，歴史と現在，芸術
と科学とを〔シラーのように分割するのではなく〕統合し
包括する試みなのである。

第 1 節　科学的世界観の勝利

文化の危機への対処

　1800 年頃の時点で，文化という概念はすでに多様化していた。そこから予想できるように，この概念の発展に関する主なラインはけっしてまっすぐに進んでいくようなものではなかった。文化哲学の諸々の始まりもまた，多様な形態を持つのである。とはいえ，それらは互いに本質的に異なるものではけっしてない。文化哲学に連なる先駆的な取り組み，予感，先取りのすべては，数ある危機現象のなかでも最たるもの——すなわち文化の危機——に対する反応として，自己自身を認識するという点で一致している。

　歴史的に比較することで，文化哲学に特有の危機意識がある新たな要素をはらんでいるということがわかる。諸々の危機とそれらの徴候とを超歴史的な語りの枠にまとめあげ，それによって劇的効果を弱めようというのは，とくに近代に抱かれた期待である。危機を危機として認めることは苦痛に満ちたものである。それゆえ諸々の危機は乗り越えられるべき試練や試金石として見なされてはいたが，ほんとうに差し迫った危険であると受け取られることはなかった。「歴史」は 18 世紀において中心的なテーマとなった。まさにそれこそ，危機に対するひとつの解答であり，危機に満ちた出来事を支配するための保証人だったのである[4]。歴史の運動とは，進歩（Fortschritt）という直線的で

---

　4)　ルソー以来の危機に関する意味論の練り上げについては Reinhart Koselleck, *Kritik und Krise. Eine Studie zur Pathogenese der bürgerlichen Welt (1959)*, 3. Aufl., Frankfurt/M. 1979, S. 105 ff.; ders., Krise, in: *Historisches Wörterbuch der Philosophie*, a.a.O., Bd. 4, Sp. 1235-1240; Rudolf Vierhaus, Zum Problem historischer

不可逆的な発展である。そのように理解すれば，明らかに
危険ではあるがとにかく期限が決められているのだと，そ
うでなくても長い目で見て成長のために困窮も役に立つの
だと捉えつつ危機を乗り越えること，文化批判的抵抗を不
正と決めつけること，社会的発展の連続性を確保しなけれ
ばという心配を鎮めること，これらのことが可能であると
いう約束がなされる。近代に特有の歴史擁護の統合的作用
が依拠していたのはまさにその約束なのであった。

サン＝シモンの歴史主義的文化理解

　この関連において注目すべきなのは，社会物理学
（physique sociale）の周辺における先駆的な社会学者たち
が，19 世紀初頭にもう一度この解釈範型を利用していた
ということである。サン＝シモンとその弟子たちはそれに
基づいて，革命に明け暮れていた時代を不安定さの批判的
局面として記述し合理化していた。彼らにとってその動乱
の時代こそが，社会科学の成果に則って生活をモデル化す
る技術を敏速に発展させ，そこに軌道を与えたのである。
新たに秩序づけられるべきサン＝シモン主義者の「産業の
偉大なる社会」は，科学，経済，社会の無時間的な同盟関
係に基づいている[5]。おまけに「弁証法」を信頼すること
で，科学的社会主義の代表者たちはその社会的な付随現象
と上部構造の反映を含めて，資本主義を強化し，概念化し
た。政治経済学の批判が，資本主義を非難したのではまっ

Krisen, in: *Historische Prozesse*, hg. v. Karl-Georg Faber u. Christian
Meier, München 1978, S. 313-29 な ら び に *Vom Weltbildwandel zur
Weltanschauungsanalyse. Krisenwahrnehmung und Krisenbewältigung um
1900*, hg. v. Volker Drehsen u. Walter Sparn, Berlin 1996.

　5）　*Die Beiträge des Sammelbandes: Frankreich 1800. Gesellschaft,
Kultur, Mentalitäten*, hg. v. Gudrun Gersmann u. Hubertus Kohle, Stuttgart
1990 参照。

たくなく，それを義務的な課題として説明したことは象徴
的である。つまり資本主義とは，歴史的首尾一貫性のため
に踏破されなければならない移行局面なのである。ただ資
本主義を通り抜けることだけが，将来における救済の力を
解放することができるからである。

　危機を解決するための戦略は短期間に実現したものであ
るが，その成果に秘められた力は著しいものであった。こ
うした枠組みに頼り解釈を行うことで，革命の飛躍と連続
性の要求を説得的に提示し，それどころか連続的な向上の
ようなものまで見立てることができた。ここで注目され
るべきなのは，ユートピアから科学への歩みを影響力の
ある仕方で宣言すること[6]によっても，危機の現象形式は
まったく否定されなかったということである。反対に，危
機というそれらの形式は確認され，受け入れられ，発展
（Entwicklung）の図式にあてはめられた。こうして危機と
は歴史のダイナミズムを具体的に確かめる試験であると結
論づけられる。危機に挑戦することによって，歴史はただ
ますます強化されていく。

シュタインのヨーロッパ中心主義

　歴史は結局のところある特定の「文化システム」を特権
化することに行き着く。1900 年頃に成立した文化哲学第
1 期では，歴史の救済力に対するまさにこのような信頼が
うまく利用されていた。この側面を確かめるために，ルー

---

　6)　エンゲルスの書『ユートピアから科学への社会主義の発展
について』は 1882 年のフランス語版から 2 年後にドイツ語で出版さ
れた。そこでエンゲルスは社会主義が「歴史的発展の必然的産物」と
認めている。これを含めさらなる考察は Ralf Konersmann, Historische
Semantik und Politik, in: *Dissens und Freiheit. Kolloquium Politische
Philosophie,* hg. v. Thomas Luckner, Leipzig 1995, S. 81-98, とりわけ S.
89 ff.。

トヴィヒ・シュタインの『文化哲学試論』（1899年）を少し見ることにしよう。このテクストは哲学的には不十分なものであるが，概念史的に見ればきわめて重要な証言であり，その意味で文化哲学にとって基本的な意義を持つ資料としばしば称されるものである。計画的な野心が見え隠れするこの本のなかで，以下のような決定的な箇所がある。

　　生命の種や類がゆっくりと多様化していくように，我々自身も変化変容する。我々はますます完全に，心の面でも，外的な生活条件に適応していかなければならない。生命は目的に適応する。だとすれば，我々が生命をその最高のエネルギー形式のもとで肯定するのはただ，我々の運命を，無意識の自然現象ないし意識下の社会現象に委ねるのではなく，我々の鋼鉄の腕のなかで意識的に受けとめるときにのみである。我々の文化体系の生命を肯定するというのは，次のことを計画的に断行することを意味する。つまり我々の惑星を我々の文化体系に属するひとりひとりの成員のもとへと分配することで，いまや20世紀において生命に優しく，確固とした目標のもと，明るい未来を目指して，我々の文化体系の最終的な世界支配を確立しなければならないのである。さらにそこから，アラビア，インド，中国の文化体系を深淵の縁に叩き込んだあらゆる無気力化するペシミズムと神経を衰弱させる運命論を伴って！　それらの歴史こそ我々のための世界法廷たれ。これら他の3つのライバルとなる文化体系の自死的な運命から，いかにそれをなすべきでないかを学ぼう。我々はむしろ我々の知性をますます完全に，全面的に，深く掘り下げ鍛え上げ，この知性から他のあらゆる文化体系が没落していくなかで決意と自身の

安全を生み出すのだ！[7]

　これが 20 世紀の幕開けに位置するシュタインの主張である。彼による文化哲学の創設は，その独善さゆえにさらなる時代展開の枠組みには属さないものであるが，ヨーロッパ優位の意識とそれがみずからに与えた文明化の使命を印象的に示しているドキュメントである。年月を経たうえで振り返ってみれば，時代精神をちらつかせる哲学のすべてはそのように見えてくるものである。しかしながら，文化哲学の誕生について簡単に記述するというここでの試みにおいて重要なのは，事後的に批判することよりも，危機のレトリックと危機に条件づけられた反応形式の系譜を立てることである。この視点からすればシュタインには証言者として興味深いものが認められる。というのも彼は明らかに，文化哲学に方向設定の機能を認めているからである。とはいえ文化哲学のこの最初の局面を，さらなる発展はすぐに乗り越えていくだろう。ここではまだ文化哲学とは，覇権的文化としての西洋文化という自画像を科学という手段によって確定するために要請されるものと感じられていたのである。

科学者たちによる文化讃美

　正確な意味で文化哲学の成立を果たしているわけではないのだから，シュタインの宣言は回顧的に考察する価値を

---

　7)　Ludwig Stein, *An der Wende des Jahrhunderts. Versuch einer Kulturphilosophie*, Freiburg/Br./Leipzig/Tübingen 1899, S. 34. シュタインと彼の著作の少なからぬ反響については，Wilhelm Perpeet, *Kulturphilosophie. Anfänge und Probleme*, Bonn 1997, S. 34 ff.。シュタインによって重くのしかけられた西洋文化の特権意識の幅広い生成を解明しているのは，Osterhammel, *Expansion Europas*, a.a.O., とくに S. 232 ff.。

ほとんど持たず，孤立した思想家の意見がここにはただあるだけだということになるかもしれない。しかしそのように済ませられるものではない。危機は，かつては疑問の余地なく妥当していたものが徐々に消え去っていくなかで露わになる。その危機を埋め合わせるべく，生に意義ある知を学問形式へと整備しようとするのが，時代の努力というものである。まさにその努力の一覧に属しているのがシュタインのテクストである。近代という科学的に裏付けられ，形而上学的な煩わしさから解放された文化は最終的にみずからのかつての状態を乗り越え，通俗化されたダーウィニズムの期待通りに，競争相手の文化を難なく屈服させられるだろう——この希望を時代のプロジェクトに結びつけたのはシュタインだけではなかった。ビュヒナー，デュ・ボア＝レーモン，テンニースと，わずかばかり後で，オストヴァルトといった人々にも，科学と技術によって提供される成果に頼ることで人間社会にはまったく新しい秩序が与えられうるのだという確信があった。

　ここで考えられ，求められていたものとは何だったのだろうか。政治的なものを含む生活領域全体を効率重視で作り上げること，潜在的な対立関係を含んだ社会的世界を合理的にコントロールし満足させること，西洋が自身で他のあらゆる文化に優越するものとして境界画定を行うこと，しかもこの優越をちらつかせることが，義務づけられていないにしても正当化されている文化として他文化から自己を区別すること，仕事と収益に基づく文明を倫理的に基礎づけ確定すること——ひとことで言えば，文化的ダイナミズムのプロセスをコントロールすることでシステム〔シュタインが言うヨーロッパ的文化体系〕を拡張することこそ，それであった。ノーベル賞受賞者のオストヴァルトは，制度的な次元で教会に対し競争を挑み，まさに主礼拝の時間に科学的な「日曜説教」を催した。このことを目の

当たりにするとき，わたしたちはそこで感じられたはずの息苦しさに気づく。この息苦しさをどうにか一掃することで，実証的な知の進化と同調することのないものすべての主人になろうというオストヴァルトの決意も，ここには認められる。「科学的世界観」[8]を提唱するこのような人たちが持っていた使命感は，今日の見方からすれば理解し難いものである。この使命感は，近代化に特有の損害が科学の助けによって食い止められ，危機は克服されうるという期待によって担われていた。要するにその世界観は，科学の埋め合わせ能力に，すなわち科学的に確保された世界説明と科学的に導出された世界形態に，全幅の信頼を置いていたのである。

---

8)　Lübbe, *Politische Philosophie*, a.a.O.〔リュッベ『ドイツ政治哲学史——ヘーゲルの死より第一次世界大戦まで』今井道夫訳，法政大学出版局，1998 年〕参照。

第 2 節　世界大戦による破滅と「文化論的転回」

20 世紀の壊滅的事態を受けて

　科学の発展についてこのように言い切ることは果たしてできるのだろうか。科学的世界観の提唱者自身ですら，そのような疑いに巻き込まれていたほどである。宗教によって約束されながらも果たされることができなかったものを科学は実現させるだろうという期待が，はじめに掻き立てられた。ゼンパーの楽観主義を特徴づけていたのはそのような期待である。それに対してデュ・ボア＝レーモンはまだ 19 世紀が終わる前に，自然科学の認識の限界がもはや明らかになったと告白し，落胆する[9]。

　彼の判断が適切かどうかはここで問題とすべきことではないが，いずれにしてもそのような疑念は次の世代にも伴っている。20 世紀の壊滅的事態によって，次世代の諸々の洞察は挑発を受けながら強められ，より根本的なものとなっていった。それらもまた危機への反応として理解されるべきであるが，これまでとは別の傾向を持つものでもある。19 世紀末以来ますますはっきりとしてくるこの批判は，文化のポテンシャルが枯渇したことに対してではな

---

9)　証拠となる資料は Zwick, *Akademische Erinnerungskultur*, a.a.O., S. 129 f. に見つかる。Heinz-Jürgen Dahme, Der Verlust des Fortschrittsglaubens und die Verwissenschaftlichung der Soziologie. Ein Vergleich von Georg Simmel, Ferdinand Tönnies und Max Weber, in: *Simmel und die frühen Soziologen. Nähe und Distanz zu Durkheim, Tönnies und Max Weber*, hg. v. Otthein Rammstedt, Frankfurt/M. 1988, S. 222-74 も見よ。——若きエルネスト・ルナンは宗教の遺産相続者としての科学という見方を展開させている。Ernst Cassirer, Naturalistische und humanistische Begründung der Kulturphilosophie, in: *Gesammelte Werke*, a.a.O., Bd. 22, S. 140-66, とくに S. 161 参照。

く，その基礎に関する吟味へと向けられている。それは，
ここで危機によって動揺している文化が，そのものとして
かつてどのように出現したのか，その条件となる構造を探
求する。それによって，文化の領域への通俗的な見方が決
定的に揺り動かされる。それは「反省的」になり——この
言葉のカント主義的な理解において徹底的にまた——「批
判的」となる。科学的世界観を代表する者たちはもはや，
自明なもの，習俗，どんなときでもよく考えることなく依
拠することのできるような要素の総体として，文化を肯定
的に認めることがない。近代の終わりを象徴する諸々の出
来事で彩られるこの時期以来，文化は困難で挑発的なもの
となっている。同じ意味で近代芸術もまた困難で挑発的な
ものとなる。それは問題提起と挑戦の場所であって，自身
についての自明な理解を拒み，そこから批判的に解釈・習
得されることを要求するわけだが，その際におのずから妥
協をすることが少しもない。

　理論の歴史を見ればわかるように，この要求は既存の
諸々の問題設定が矢継ぎ早に交代していき，新たな表現
様式を求めていくことのうちで気づかれるようになった。
20 世紀は哲学的思考の体系論における転回と別離の時代
であった——ニーチェに倣い，哲学することの要約として
おそらくこのようなテーゼを敢えて立てることも許される
だろう。すでにかつて啓蒙主義の時代にそうであったよう
に，1900 年頃には哲学的概念の基本要素と意味論が根底
的に変化したのである。ヴィーコからヘルダーを経てヘー
ゲルへと至り，さらにその先へ続く哲学者たちが骨を折っ
て努力してきた体系的根拠づけの伝統が消え失せた，とい
うことは 20 世紀が結果として経験したことのひとつであ
る。世紀の後半だけでも，まずは徐々に，それから次から
次へと（千年紀の境をまたいで）新しい転回が常に宣言さ
れた。それらの転回によって，20 世紀そのものとその「精

神的武装」と呼ばれるものは簡潔に定式化されていった。
いまや，西洋文化の反省的審級を構成するすべてのもの
——すなわちその解釈規約，理論的嗜好，方法論的に根本
的な決断，自己の基礎づけ——は，画期的で新しい問題設
定が持つ最優先の観点のもとへと一気に飲み込まれていっ
た。そのような諸々の転回を宣言することに暗に示唆され
ていたのは，まさにそのことであった。

諸々の「転回」宣言と「文化論的転回」

とりわけ重要なのは「言語論的転回」（linguistic turn）
である。様々な学問領域における急変と新たな着手とを見
て回ると，「絵画論的転回」（pictorial turn），「空間論的転
回」（spatial turn）あるいは「地誌論的転回」（topographical
turn）などが見出されるが，それらは総じて「言語論的転
回」の例に負っているかのように見える。転回という名に
値するものとして期待され要求されていたのは，理論的自
己理解を「言語論的転回」に倣って全範囲にわたり書き換
えることにほかならない。たしかに諸々の変化はすでに以
前から現れており，この時代にはただそれらが否定しえな
いほどに染み渡っただけなのだと言うこともできよう。し
かし後になって，具体的には 1960 年代中盤になってはじ
めて，断絶の事件として，それらは「転回」という名称で
呼ばれるようになった[10]。それらをうまくまとめることが
できるようになったのもまた「転回」という理解に特徴的

---

10)　この概念を発表し圧倒的な成功をおさめたのはローティで
あった〔Richard Rorty, *Linguistic Turn. Recent Essays in Philosophical
Method*, Chicago, 1967 参照〕が，彼はその発見者として，言語哲学者
でありカルナップの弟子であったグスタフ・ベルクマンを挙げている。
Gustav Bergmann, *Logic and Reality*, Madison 1964, S. 8, 16 u. pass 参
照。——加えて Ralf Konersmann, Der Cultural Turn in der Philosophie,
in: *Symbolische Welten. Philosophie und Kulturwissenschaften*, hg. v. Dirk
Rustemeyer, Würzburg, 2002, S. 67-90。

である。しかしながらこうした概念的な補塡の射程全体を視野におさめるためには，ウィトゲンシュタインに由来する言語使用分析，基本的にソシュールに帰されるフランス構造主義の傾向，言説分析と脱構築の主導性ならびにドイツではガダマーが展開したポスト・ハイデガー的解釈学をまずは考慮しなければならない。それらの理論的方法は合理主義的伝統を背景として理解されなければならず，それどころか場合によってはそうした理由から非難されはしたのだが，それでもとにかく，世界関係の言語性を中心化するという点で共通している。「言語論的転回」が生み出した諸々の「転回」定式の相違は，パラダイムというよりもそれぞれの持つ期待の違いに基づいている。

　これらの発展の過程において，言語への転回が徐々に明確になるにつれてそこからあるさらなる転回が姿を現してきた。つまりそれは「文化論的転回」（cultural turn）という理論的出来事である。その意図と衝撃の大きさを計測するためには，それを当時の状況のなかへと正確に位置づけなければならない。「文化論的転回」は一方で転回のパラダイムを受け入れている。それは言語論的転回を前提し，同様に言語的媒介性の観点を世界理解の中心点に持ち込むことでそれを続行した。文化論的転回においても，言語は優先的な対象として位置づけられ，人間が自己をめぐる世界をいかに自己に対して開示しているのかという問題について示唆してくれるはずだった。ところがその帰結は言語の限界を超えて，象徴形式の一般理論へと向かう。それによっていまや，言語論的転回を乗り越えていくのである。「言語論的転回」と違い，文化論的転回は哲学内部の問題状況に対するプログラム的な応答として姿を現したのではなかったということもある。20世紀の初めの10年で，哲学は自己を文化の一部として理解することを覚えた。それゆえ文化論的転回は，そのように哲学を内包する文化が

様々に動揺したことへの哲学的応答としても理解されなければならない。この事実が文化論的転回を特徴づけ，競合する他の断絶からそれを区別する。

「文化は死にうる」という診断

　「文化論的転回」という歴史的な企てにとって徴候となるひとつの洞察がある。根底を覆すその意義はどれほど高く見積もられても過ぎるものではない。考えられるかぎり最も簡潔ではあるが，「文化は死に•う•る」というのがそれである[11]。この警告文は 1897 年にヴィラモーヴィッツ＝メーレンドルフによって語られ，即座に世紀末のトピックとして拡散したものである。それがどれほど啓発的であったか見積もるためには，〔文化（die Kultur）という語が〕単数形であることに注意を払わなければならない。植民地主義の実践が示したように，この言葉は個々の文化に対してそれが滅びうるということを認定しているというだけではない。むしろ文化というもの全体に，つまり人間によって形成され意味を付与された世界の総体に，壊滅の可能性が宣告されたのである。単数形を選択することは時代に対する所見に鋭さを与え，状況の不可避性を警告する。このテーマの変奏として，ヴァレリーは一人称を重ねることでさらにその不可避性を強調している。「わたしたちは文明人であるが，わたしたちは，わたしたちが死にうるという

---

11) 「どんな思弁もまったく必要でない。常に順調に進むものはないこと，人間の労働による失われることのない成果として生み出されたように見えるものも失われる可能性があること。それを世界は経験した。文化は死にうる。少なくとも一度，それは死んだからだ」(Ulrich von Wilamowitz-Moellendorff, Weltperioden, in: *Reden und Vorträge*, Berlin 1901, S. 120-35, とくに S. 123。Walter Wiora, »Die Kultur kann sterben.« Reflexionen zwischen 1880 und 1914, in: *Fin de siècle. Zu Literatur und Kunst der Jahrhundertwende*, Frankfurt am Main 1977, S. 50-72 もまた見よ)。

ことをいまや知るのである」[12]。1918 年秋に書きつけられ，
少し後にイギリスの雑誌『アシニーアム』で公表されたこ
の章句は，その時代に人間を襲ったはずの没落についての
印象を後の数世代に至るまで伝えている。ヴァレリーだけ
がそのような洞察を行ったのではなかった。それは「超越
論的ホームレス」というルカーチの時代所見，「ヨーロッ
パ人の危機」というフッサールの診断[13]，不明瞭でありな
がら魅力的なシュペングラーの「西洋の没落」[14]というス
ローガンと比肩する仕方で，現代をひとつの時代区分とし
て演出したのである。その際ヴァレリーは現状をはっきり
と名指すことなく透かし見せた。戦争経験は彼の同時代の
読者にとって直接的に目に入ってきたものであったに違い
ないが，それについてヴァレリーが自身の書き物において
語るのは稀であった。けれどもあの書き出しが，あるいは

---

12)　Valéry, Die Krise des Geistes, a.a.O., S. 26〔ヴァレリー「精
神の危機」『精神の危機　他十五篇』恒川邦夫訳，岩波文庫，2010 年，
7 頁参照。「第一の手紙」冒頭。邦訳では「我々文明なるものは，今
や，すべて滅びる運命にあることを知っている」とある。〕．1934 年
にヴァレリーはもう一度この章句へと立ち返り，その言明を歴史記述
的事実の海に解消したり相対化したりしないように警告している。「文
明化」という言葉の選択を根拠づけるべきという必要について異議を
申し立てた後（「それはもっぱら事典を書くようなものです」），彼は
こう続けている。「文明が没落するともしないとも，特定の材料に結
びついているともいないともなどなどということは歴史を使えば簡単
に証明できます。それは遊びです。ただの遊びなのです（1934 年 7
月 29 日付ポール・デジャルダン宛書簡，in: Lettres à quelques-uns, 7.
Aufl., Paris 1952, S. 221-23, とくに S. 222）．

13)　Elisabeth Ströker, Krise der europäischen Kultur -
ein Problemerbe der husserlschen Philosophie, in: Zeitschrift für
philosophische Forschung 50, 1996, S. 309-22参照。Christian Möckel,
Krisisdiagnosen: Husserl und Spengler, in: Phänomenologische
Forschungen, N.F.3, 1. Halbbd., 1998, S. 34-60 も見よ。

14)　Ebenda. Der Fall Spengler, hg. v. Alexander Demandt u. John
Farrenkopf, Köln/Weimar/Wien 1994 も見よ。

すでに「精神の危機」というその表題が，途方もない出来
事と時代の自画像に対するその破滅的な作用とを意識へと
呼び込んでいたのである。

　今日ではこの歴史的文脈は色あせている。ヴァレリーの
同時代人たちが 1914 年から 1918 年までの間に戦場で被っ
た先の荒廃の記憶痕跡は，それに続くホロコーストとグ
ラーグという残虐行為によって，後代の人間の集合的意識
からは吹き消されたのである。ヴァレリーの時代の人々に
とって，世界大戦の物量戦は発展の破滅的絶頂として現れ
ていた。それはそれまで知られることのなかった規模の危
機へと至り，政治的革命の理想，社会的解放の希望，——
ヴァレリーがもうすでに科学的世界観の勝利を回顧しなが
ら定式化していた——「科学の倫理的要求」[15]という進歩
の基盤を揺さぶったのである。比較を絶したものの勃発に
より，それまでは固定的に，安定した上昇に基礎づけられ
ていた期待の状況が一挙に転換した。文化哲学の萌芽はた
だ，このショックに対する知的反応として，哲学と科学に
対する明白なる挑戦としてのみ，理解可能となる。自文化
が死に絶えうるということの歴史的経験は，それまで問わ
れることなく通用していた信頼できる生活形式という背景
が全体として永遠に放棄されたことを見た世代の存在感情
を要約している。危機を認知することはヨーロッパ人の自
己理解における質的飛躍を指し示し，新たな衝撃となった
テーマへと改めて着手するよう駆り立てた。それこそ文化
というテーマにほかならない。

　　15）　Valéry, Die Krise des Geistes, a.a.O., S. 29〔ヴァレリー『精
神の危機』12 頁参照。「科学はその心的野心において致命的な痛手を
負ったし，その応用の無残さにおいて，言わば辱めを受けた」〕.

時代の哲学として

　時代診断一般にはあたりまえのことだが，転回があった
ということは事後的に確定される。この規則はまさに「文
化論的転回」の場合に確証される。実際，文化が壊れやす
く脆いものであるという文化哲学的洞察は，帰結した出来
事がどのような種類のものであったのかを引き続き経験す
るはず人びとによってはじめてその確証を得るのである。
ふとしたきっかけからコゼレクは 1999 年の終わりに 20
世紀を回顧するという大仕事を引き受け，諸々の根本経験
の長い系列からひとつの印象的な時代の舞台装置を組み立
てた[16]。強制収容所の設立と，大量虐殺を官僚機構によっ
て実行しつつ科学的に認可しさえしたはじめての世紀。か
つてないほど多くの人間が生きた世紀。故郷の星を遠くか
ら眺めるために人が大地を離れた世紀。居住可能な世界の
軍事的破壊を可能化するためにその精神的潜在力の大部分
を動員した世紀。つまりは，交通・情報通信手段のインフ
ラ構造をトータルに変化させることで，歴史的に獲得され
てきた時間空間に対する感覚を革命的に転換した世紀——
そのような世紀では，人間が作り上げたもの，その作り上
げられたものに委託したものは，何も長くは残らないだろ
うし，最悪なものも含めていまやすべてがいつでもありう
るだろうという印象が，確信されざるをえなかった。

　このような場面において明らかになる質的飛躍を哲学者
たちはただちに見て取り，それを自分たち自身の専門へ
と関連づけた。ヤスパースはこの変革の証人である。彼
は 1930 年に時代とその精神的状況が「無に直面している」
のを見た。かつては通用していたすべてのものがいまや断

---

　16)　Reinhart Koselleck, Hinter der tödlichen Linie. Das Zeitalter
des Totalen, in: *Das 20. Jahrhundert. Welt der Extreme*, hg, v. Michael
Jeismann, München 2000, S. 9-27.

念されざるをえないからである。「疑わしくないものは何
もない」とヤスパースは要約し、「これまでのすべての歴
史に対する断裂の感情は一般的である」[17]と確定するので
ある。ジンメルやラテナウ、ベンヤミンやフロイトにも比
較可能なものが見られうる。個別科学の知識が断片化し、
科学が絶滅のメカニズムに巻き込まれていくことに直面す
ることで、それまで挫折することのなかった知の秩序を批
判的に精査するということは彼らにとって不可避であるよ
うに思えたのである。またもやヤスパースが代表として哲
学的時代診断を明確に下している。「自然の威力によって
物理的に滅ぼされてしまうのではないか」という強迫にさ
らされていることを人間が原初に感じたとすれば、「いま
や人間の本質はみずからが生み出した自分の世界によっ
て」[18]脅かされているのだ、と彼は言うのである。

　この章句が持つ歴史的所見の劇的効果と重みを測定する
ためには、ここからヴィーコへの暗示を同時に読み取るの
でなければならない。自然世界への適合性の欠如を埋め合
わせるために人間が作り上げる必要のあった「文明世界」
（mondo civile）の世界、人間自身によって生み出された世
界が、いまや人間の手から滑り落ち、人間に反抗している
かに見える。自然の代替であった世界そのものが問題含み
なものとなる。かつてはできると信じられていた欠如の補
填は、新たなる不満となり、自身に対する脅威や危険とな
る。第一次世界大戦という事件において感じられるように
なった喪失と錯誤は集合的意識の病理である。まさしくこ
の時代に生じる文化哲学は、それらから精神の危機を読み

　　17)　Karl Jaspers, *Die geistige Situation der Zeit*, 2. Aufl., Berlin
1931 (Nachdruck Berlin/New York 1999), S. 16 ff.〔『現代の精神的状況』
飯島宗享訳、〈ヤスパース選集 28〉理想社、1971 年、26 頁以下、と
りわけ 30 頁〕.
　　18)　Ebenda, S. 164〔『現代の精神的状況』246 頁〕.

取る。文化の構成要素としての哲学と科学は，危機が持つ
唯一無二の劇的効果によって，人間的世界全体における理
論的基礎と地位とを徹底して吟味するように駆り立てられ
る。この洞察から文化への転回が帰結する。文化哲学とい
う企ては多くの苛立ち，激昂，抗議，新たな企図から出現
したのであり，まさにこの時代区分の内部における哲学で
あって，そうであるほかにはありえなかったのである。

第3節　文化のドラマ

ジンメルの「文化の悲劇」

　近代化は極めて深刻な病状悪化を経験した。近代を潜在的に成り立たせていた力が，同時に自己破壊的なものとして顕在化し，植民地主義と戦争へと極まっていった。結局のところ，それまで積み重ねられてきた伝統は現在とうまく連携できていないということがわかってきたのである。これらすべての要素を集約しているのが「文化の悲劇」（Tragödie der Kultur）という，世界大戦の直前に刻印され，当時の時代診断のうちで極端に存在感を発揮した定式である。

　ジンメルの論文「文化の概念と文化の悲劇」は雑誌『ロゴス』の 1911/12 年第2号に公表され，瞬く間に有名となった。この論文の決定的な主張は，そのタイトルにも表現されている通りであるが，それは以下のようにも説明されている。「ある存在者に対抗して向けられた殲滅的な力がまさにこの存在者そのものの最深層から出現」するとすれば，文化はただ悲惨で危険であるばかりではなく，「悲劇的運命」として見なされなければならないとされる。そして「文化の構造の論理的発展である運命は，まさにその存在者自身に組み込まれ，それを通じて自身の積極性を打ち立てたわけであるが，その破壊によって成就する」[19]と

　19）　Simmel, Begriff und die Tragödie der Kultur, a.a.O., S. 219〔「文化の概念と文化の悲劇について」円子修平・大久保健治訳，〈ジンメル著作集7〉白水社，2004 年，282 頁〕．以下の箇所についてはまた Klaus Lichtblau, *Georg Simmel*, Frankfurt am Main/New York 1997, とくに S. 68 以下。ジャンケレヴィッチの 20 年代の論文（Vladimir Jankélévitch, Der Lebensphilosoph Gerog Simmel, in: ders.,

いうことがいまや告白されなければならないのだという。

　ジンメルの定式には前提がないわけではない。悲劇的なものの意識，悲劇的意識には，広大な前史がある。そこにある諸々のモチーフが連関して悲劇的意識へと接続するのである。まず〔第1に〕人間の限界と有限性のモチーフがある。さらに，〔第2に〕人間の生活と神の実在の間の架橋しえなさというものもある。別のモチーフとして，〔第3に〕神の退隠というものがある。それはパスカルが洞察したように，近代初頭における理性優位という新たな覇権によって確証されたものである。そして第4に，未来に対する懐疑というモチーフである。パスカルからニーチェへと連なる考察であるが——日常生活の本質的な課題を熟慮すれば，約束された未来は方向を変えていかざるをえない[20]。ジンメルへと連なる悲劇的なものの系譜は，さらにその後も延長されていく。例えばルカーチや，あるいはまたベンヤミンとドイツ悲哀劇に関するその研究がある[21]。

Das Verzeihen, a.a.O., S. 23-69〔ジャンケレヴィッチ「ゲオルク・ジンメル——生の哲学者」『最初と最後のページ』合田正人訳，みすず書房，1996年，363-434頁〕）は後にも先にもお勧めである。

　20)　これらのモチーフ群については Lucien Goldmann, *Der verborgene Gott. Studie über die tragische Weltanschauung in den Pensées Pascals und im Theater Racines*, Neuwied/Darmstadt 1985, S.104 以下。——ゴルトマンのものはルカーチの論考「悲劇の形而上学：パウル・エルンスト」(in: ders., *Die Seele und die Formen. Essays*, Neuwied/Berlin 1971, S. 218-50) に関連している。そのほかにはペーター・スツォンディ (Peter Szondi, *Versuch über das Tragische*, 2. Aufl., Frankfurt am Main 1964)，ガダマー (Hans-Georg Gadamar, Prometheus und die Tragödie der Kultur, in ders., *Kleine Schriften*, Bd 2, Tübingen 1967, S. 64-74) とギュンター・ペータース (Günter Peters, Prometheus und die »Tragödie der Kultur«. Goethe – Simmel – Cassirer, in: *Cassirer und Goethe. Neue Aspekte einer philosophisch-literarischen Wahlverwandtschaft*, hg. v. Barbara Naumann u. Birgit Recki, Berlin 2002, S. 113-36) が取り上げられよう。

　21)　Walter Benjamin, Ursprung des deutschen Trauerspiels, in:

ジンメルと長い間文通していたフッサールは、「文化の悲劇」を科学に関係づけ、個別学科と専門知の没落は「普遍の知」（sapientia universalis）を直接危険にさらすのだと言っている[22]。

　このようなモチーフがジンメルにおいてもまた共鳴しているということに疑いはない。そのほかにも、悲劇の診断を人間の状況へと結びつけるかの「哲学的人間学」（philosophische Anthropologie）の伝統に属する理解が重要である。ジンメルもまた人間を、自然環境へと調和的に関わることができない脱中心的存在者として規定している。しかしながら「哲学的人間学」が人間と自然界との間の離齬を、人間の身体的特性へと還元されるような生物学的条件として把握するのに対し、ジンメルはむしろ主意主義的な考えに傾いている。「文化の概念と文化の悲劇」の論文冒頭ですぐ定式化されているように、人間はその状況のあるがままには満足できないから、「身を引きはがす」存在者である。それゆえジンメルが人間の実存を支配していると見なす〔例えば主観と客観の悲劇的な〕「二元論」は、単にふりかかってきた事態でなければ、あるいはヘルダーの場合はまだそのように考えられていたように、継母的な自然の投げやりな態度に対して人間が弁済するべき代償なのでもない。それはむしろ自己自身を客観化へと駆り立てる人間の意欲と努力の帰結なのである。

　ジンメル自身が告白しているように、この理解におい

Gesammelte Schriften, hg. v. Rolf Tiedemann, Frankfurt am Main 1974, Bd I/a, S. 203-430〔ベンヤミン『ドイツ悲哀劇の根源』岡部仁訳、講談社文芸文庫、2001年〕。

　　22)　Edmund Husserl, *Formale und transzendentale Logik. Versuch einer Kritik der logischen Vernunft*, hg. v. Paul Janssen, Den Haag 1974 (Husserliana, Bd. 17), S. 7〔フッサール『形式論理学と超越論的論理学』立松弘孝訳、みすず書房、1957年、5頁〕。

て，ショーペンハウアーによる意志の形而上学の影響を見
て取ることができるかもしれない[23]。しかしジンメル文化
哲学の基本となる考え方を理解するためには，影響関係を
どうこう考えるよりも，予測することのできない不均衡と
いう事実そのもののほうが決定的である。「主観と客観の」
間の「大いなる二元論」とともに，登場した分裂を克服す
るという課題が立てられる。それは個々人のみならず，人
類そのものにまったく普遍的に関わるものである。そのた
め文化のプロセスは，みずからによって切り離されたもの
をそれ自身によって時間のなかで再び合流させるか，ある
いは——もうひとつの選択肢として——存続する差異とい
う事実に折り合うか，という見通しが持つパースペクティ
ブへと完全にのめり込んでいる。

ジンメル「生の哲学」と文化

　ジンメルが原状回復という観点に共感を寄せているとい
うことは明らかである。復興をはっきりと「憧憬するこ
と」で[24]，人間はその目的を達成するために多大なエネル
ギーを解き放つ。そこで歩まれるべき軌道は，しかしなが
ら任意のものではなく，生によってあらかじめ示されてい
る。生（Leben）——それはジンメルにとってすでに方向
づけられた発展であり，あらかじめ定められた進展が時間
において現実化することである。まさにこの箇所で文化概
念とその規範性への結合が生じる。原初の分裂によって切
り離され，「あらかじめ示された」方向に従っているような，かの発展のダイナミズムの利害関心に適合し，その目

---

　23)　Georg Simmel, Philosophie des Geldes, in: *Gesamtausgabe*,
a.a.O., Bd. 6, S. 591 以下〔『貨幣の哲学 下巻　（総合篇）』居安正訳,
〈ジンメル著作集 3〉白水社，1994 年，135 頁以下〕参照。
　24)　Simmel, Begriff und Tragödie der Kultur, a.a.O., S. 198〔ジン
メル「文化の概念と文化の悲劇」259 頁〕.

的にとって利用可能となるようなものだけが，ジンメルに
とって文化と呼ばれるに値する。「文化とは閉じた統一か
ら展開された多様を経由して展開された統一へと続く道で
ある」[25]。何度も引用されてきたジンメルのこの言葉以上に
多くを語るものはない。

　かつてヴィーコやルソーは，きわめて劇的な「生と形式
との闘争」と，一般に形式的なものの専制というテーマ
（これは後期ジンメルを魅了した主題である）を，哲学的思
考の哲学的批判（という逆説）へとつりあげることに躊躇
いを覚えていたものである。それに対してジンメルはその
ように躊躇することがもはやない。ジンメルによれば哲学
的思考はそれ自身，それによって叙述された関係性に巻き
込まれている。1916 年 1 月に彼は次のように語っている。
「徴候が見間違いではないなら，哲学的な道具立ては全体
として，生を放出したぬけ殻となり始めている」[26]。この表
明には新カント派的な体系構築と講壇哲学的な概念の用例
作成に対する単なる嫌気以上のものが潜んでいる。生の哲
学による所見が語るところでは，生の形式と思考の形式の
間の離隔が開いていけばいくほど，個人が文化の顕現に関
わることもなくなっていく。生の形式と思考の形式の分岐
がますます先鋭化することに対して反抗しなければならな
い。心の「自己展開」と文化的進化とは調和を保つべきで
あり，内面と外面とは融和するのでなければならない。ジ
ンメルはそう要求しているのである。

---

　25)　同論文，S. 196〔「文化の概念と文化の悲劇」256 頁〕。S.
204 以下〔「文化とは，なんらかの意味で主観の外部にある超個人的
なものの受容ないし利用によってのみ遂行可能なあの個人的完成の様
式だからである」264 頁〕も見よ。

　26)　Georg Simmel, Die Krisis der Kultur. Rede, gehalten in Wien,
Januar 1916, in: *Gesamtausgabe*, a.a.O., Bd 16, S. 37-58〔ジンメル「文
化の危機」『現代思想全書』三笠書房，1938 年，85-110 頁〕，ここで
は S. 45〔98 頁〕。

　文化的理想の持つこの目標がどれほど高く掲げられてい
るか，ジンメルの結論からは見て取ることができる。彼の
見立てによれば，二元論の克服というのはせいぜいのとこ
ろ散発的，瞬間的，流動的に現れるにすぎない。発展路線
の収束，つまり待望された和解は，いつも先送りされなけ
ればならず，人間の活動が「客観的に精神的な像」におい
て顕現するところでさえも——つまり精神が精神に出会う
ところでも——規則通り失敗してしまうということは明
らかである。「文化的事実」（*fait culturel*）を強調し，「言
葉・制度・作品・道具という安定さ」へと形態化され，文
化世界において客観化されるかの「人類の精神的労働」[27]
を強調するところがジンメルにはある。それでもこれらの
客観化はちぐはぐに継ぎ合わされているだけである。とい
うのも自我と世界の間には常に裂け目が口を開けているか
らである。文化の発展がもともと持っていたダイナミック
なあり方は硬直した形式へと擦り減っていく。それは「あ
たかも魂の創造的運動性それ自身の産出によって死ぬよう
な」[28]ものだ，とジンメルは簡潔に指摘している。
　まとめてみよう。ジンメルが倦むことなく強調している
ところでは，文化とは，かの根源的二元論を克服すること

　27）　Simmel, Philosophie des Geldes, a.a.O., S. 626〔ジンメル『貨
幣の哲学』下，280 頁〕．ジンメルの書評 Steinthal, H., Allgemeine
Ethik, in: *Gesamtausgabe*, a.a.O., Bd. 1, S. 192-210，ここでは S.208。
　28）　Simmel, Begriff und Tragödie der Kultur, a.a.O., S. 199 以 下
〔ジンメル「文化の概念と文化の悲劇」260 頁〕。——悲劇的なものの
実存的次元にとくに光を投げかけているのは，ジンメルが哲学的著作
家として彼の理解力の正確さと歴史学的に広い眼差しを持つにもか
かわらず，数か月の間戦争の熱狂に没頭したということである。彼
は 1914 年 9 月 4 日にマルガレーテ・ズスマンにこう書き送っている。
「「歴史」というものを体験する，どのような途方もない経験でも，
それは端的に一度きりのものなのです」（Briefe, in: *Gesamtausgabe*,
a.a.O., Bd. 23, S. 378 以下）。

であり，それは「常に総合」[29]なのである。文化は包括されたものと包括するものとの統一である。それは二元論的世界へともたらされ，同時にこの二元論を具体化する。それでいて，二元論といういわば「事故」になお先立って存在するはずの根源的な「差異化以前の統一」とジンメルが理解するものの存在に対する証拠でもある。ジンメルはこうした根源的統一について仰々しく扱っているわけではないのだが，いずれにしてもそれは幸運な楽園に属するものであると言わざるをえない。文化は根源におけるこの統一に由来するのであり，それを新たな次元で再興することに向けて文化は努力する。このように文化の規範は示される。それは文化を測るものであるが，同時に挫折させるものでもある。文化発展の歴史を通り抜けるというジンメルのやり方では，根源的統一を復興させようとする努力は挫折する。というのも，あらかじめ文化の基礎に備わった分裂は，より高い次元においても決して閉じるものではないからである。最初に「あらかじめ指定された」プロセス全体の方角は別々に独立する傾向によって危険にさらされ，文化の目的はそれ自身によって，つまりそれ固有の現実化プロセスによって強制的に失われてしまう。このことは明白である。規範的に見れば，文化は総合である。とはいえ経験的にはそれは分裂として示される。ここに悲劇論のモチーフが読み込まれる。なぜならジンメル自身悲劇を次のように定式化しているように，「主観の発展はいまやもう客観の発展が取る道のりを進むことができないからである。それでも後者に追従するなら，それは袋小路につきあたるか，きわめて私秘的かつ内的な生の空虚に落ち込んでしまうのである」[30]。悲劇的なものという要素は

---

29)　Simmel, Begriff und Tragödie der Kultur, a.a.O., S. 206〔ジンメル「文化の概念と文化の悲劇」267頁〕.

別々に独立していった関係に対する不快としてはじめて存
在するというのではなく，生が多様に独立化することの
事実そのものに，あるいはジンメルの弟子であるルカー
チがその思想を後に改めてまとめているように[31]，物象化
（*Verdinglichung*）がそのものとして不可避であることに存
しているのである。

ジンメルに対するカッシーラーの応答

　問題のこのような深刻化こそ，カッシーラーが哲学的に
応答したものである。ジンメルは結局のところ「文化哲
学」という言葉を積極的に術語化して用いることはなかっ
たが，カッシーラーはジンメルへの応答のなかで，はっき
りと「文化哲学」と名指されるものの輪郭を捉えていく。
カッシーラーは明確な留保を持ちながらも，「文化の概念
と文化の悲劇」の著者であるジンメルによって広められた
「文化の悲観主義」へと立ち返るが，哲学的反省と（ジン
メルの表現によれば）「完成した経験」によって関係を解
釈せよという，『貨幣の哲学』において掲げられた要求へ
も同時に遡る。どちらかと言えば現象学的な考え方を持っ
ていたこのジンメルに，カッシーラーは魅了されていた。
ジンメルの哲学は全体や絶対者へと進んでいこうとはしな
かった。ヘーゲル的な伝統のように総体的な体系を打ち立
てようなどと彼が望むことはなく，まさにその逆で，限定さ
れた「問題」から出発し最も普遍的なものへと迫る，別

---

　30)　Simmel, Begriff und Tragödie der Kultur, a.a.O., S. 219〔ジン
メル「文化の概念と文化の悲劇」282 頁〕.

　31)　Georg Lukács, *Geschichte und Klassenbewußtsein. Studien
über marxistische Dialektik*, Darmstadt/Neuwied 1968, S. 170 f.〔ルカー
チ『歴史と階級意識』城塚登・古田光訳，白水社，1991 年，162 頁以
下〕参照。このモチーフの由来については Lucien Goldmann, *Lukács
und Heidegger. Nachgelassene Fragmente*, Darmstadt/Neuwied 1975,
S.113 以下も参照。

の言葉で言えば，「生の意味の全体性をその各々の個別性
に」[32]見出そうとしたのである。実際にジンメルは『貨幣
の哲学』のプログラム的な序文で，またそこで素描された
「文化の現象学」[33]で，彼に固有の理論化の要求だけではな
く，カッシーラーのいくつかの，『象徴形式の哲学』にお
いてはじめて定式化されるはずのイメージを先取りしてい
た。この事情はまた批判的文化哲学の中心的諸概念，つま
り「意味」と「象徴」にとってもあてはまる。

　このようなもつれ合いはすでに，カッシーラーが単純に
ジンメルと手を切り，悲劇の診断に反対したというわけで
はないことを予感させるものである。カッシーラーの著作
が帯びているかに見える，一見したところまさにライプ
ニッツのように思われる楽観主義が，彼の核心的なところ
には場所を持っていない。実際は反対である。「文化に対
して掲げられうるような懐疑と抗議は，そのまったき重要
性を保っている」とカッシーラーは後期のジンメル論で注
記している。加えてこうだ。文化とは「単純な出来事や，
穏やかな成り行きではない。それは常に新たに行われなけ
ればならず，その目的がまったく定かではないような行
為」なのである。まさしくここに，カッシーラーにとって
もまた「文化のドラマ」がある。文化はもはや生活の信頼

---

32)　Simmel, Philosophie des Geldes, a.a.O., S. 12〔『貨幣の哲学
上（分析篇）』元浜清海・居安正・向井守訳，〈ジンメル著作集2〉
白水社，2004年，15頁〕.

33)　エリザベス・S・グッドステインが正当に判断しているよ
うに，ジンメルはその側面においては近代社会学の創始者としてより
も，ますます明確に，「ニーチェを経てヘルダーへと遡るような知的
伝統のかの」——正確さを期すためにあえて付け加えれば——批判的
な「相続者」(Elizabeth S. Goodstein, Georg Simmels Phänomenologie
der Kultur und der Paradigmenwechsel in den Geisteswissenschaften, in:
Aspekte der Geldkultur, a.a.O., S. 29-62, ここでは S. 31) として現れて
くる。

を保証するものではもはやなく，いまやその側で，骨の折
れるものであるような配慮を要求し，難儀で挑発的なもの
である。「それが打ち立てたすべてのものは，すぐさま崩
れ去っていくように繰り返し脅かされている」[34]。

　文化哲学者カッシーラーがジンメルの作品ないし哲学的
伝統一般に対して行った解釈については，文化哲学につい
て体系的に考察する本書の第4章においてたびたび取り上
げたいと思う。歴史を扱う部門の結論として，いまのとこ
ろは次のようにまとめておくだけで十分である。先達の遺
産を引き受けつつカッシーラーがなした作業を，文化理解
のために使い勝手の良い方法的なツールを整備したのだと
考えるのは誤りである。そのような道具立てであるなら，
今日でも容易く受け入れられ，「百花繚乱」たる文化世界
を理解するために適用・応用されることにもなるだろう。
カッシーラーの洞察とはそういう類のものではない。それ
は反対に，その本質的な特徴において見れば，「来たるべ
き文化哲学のプロレゴメナ」[35]として提示されるような試
みなのである。

実体ではなく機能として理解すること

　こうした留保はただちに付け加えられるべきであるが，
だからといってそれは自己批判であるとか，ましてや宣言
の撤回であるとかと理解されるべきではない。文化と呼ば

　34）　Cassirer, Zur Logik der Kulturwissenschaften, a.a.O., S.467 以
下〔カッシーラー『人文学の論理――五つの論考』齊藤伸訳，知泉書
館，2018年，169頁以下〕。――ジンメルとの近さと距離については
「文化のドラマ」という定式を好むところに見て取れる（Ebenda, S.
482〔「この文化のドラマが完全に「文化の悲劇」となることは決して
ない。なぜならそのドラマには究極的な勝利がないのと同じように，
究極的な敗北もないからである」192頁〕）。

　35）　Ernst Cassirer, Zur Logik der Symbolbegriffs (1938), in:
Gesammelte Werke, a.a.O., Bd. 14, S. 330-48, ここでは S. 346。

れるものがただ，人間によって作られ，有意義なものと
して考えられた世界の物質に，「完成した経験」において
のみ把握されうるだろうということが正しいのだとすれ
ば，文化哲学なるものは，ローカルな特色が付け加える
ニュアンスに絶えず敏感であるような，開かれたタイプの
理論という性格を持つものであるに違いない。人間の本質
だと言い立てられたものへと回帰する人間学も，ジンメル
によって「近代の本質」として解明された心理主義，す
なわち「我々の内面の反応に従い，本来的には内面世界
として世界を体験し解釈すること」[36]と同様に，代替案と
して採用できるものではない。人間に特有のものは「実
体的定義として」（als *substantielle*）ではなく「機能的定
義」（*funktionale* Definition）の意味で理解されなければな
らない。なぜなら——とカッシーラーは続けてこのように
言う——「人間を実際に特徴づけているそれ固有のものと
は，その形而上学的ないし物理的自然ではなく，その作用
（sein Wirken）」である。それは文化の諸形式において，つ
まり「言語，神話，宗教，芸術，科学，歴史において」顕
現する[37]。

---

36)　Georg Simmel, Rodin (mit einer Vorbemerkung über Meunier),
in: *Gesamtausgabe*, a.a.O., Bd. 22, S. 112-39〔「ロダン」大久保健治訳,
〈ジンメル著作集 7〉白水社, 2004 年, 190-210 頁〕, この点について
は S. 137〔208 頁〕。

37)　Ernst Cassirer, *Versuch über den Menschen. Einführung in eine
Philosophie der Kultur*, Frankfurt/M. 1990, S.110（強調はコナースマン）
〔カッシーラー『人間——シンボルを操るもの』宮城音弥訳, 岩波文
庫, 1997 年, 151 頁以下〕。——事柄としてカッシーラーはこの箇所
で, とりわけ彼の研究態度を決定しているような以前の考察, すな
わち 1910 年にはじめて公にされた『実体概念と関数概念』（Cassirer,
Substanzbegriff und Funktionsbegriff, in: *Gesammlete Werke*, a.a.O.,
Hamburger Ausgabe, Bd. 6〔カッシーラー『実体概念と関数概念——
認識批判の基本的諸問題の研究』山本義隆訳, みすず書房, 1979 年〕
および Andreas Graeser, *Ernst Cassirer*, München 1994, S. 129 以下の

　このようにして文化という主題が持つ純正に哲学的な挑
戦が刷新されたのである。それは，人間にとって文化であ
るところの「世界」をめぐるかの地平拡大の不可逆性から
結果するものであるが，それと結びついた知と理論認識の
統合要求から出てくるものでもある。カッシーラーが同じ
箇所で整理しているように，文化についての哲学的考察は
哲学と精神科学との共同作業を前提とする。それは，概念
的抽象と現象学的細密描写の，「普遍主義」と「相対主義」
の《あれかこれか》のようなレトリカルな誇張を自身から
引き離すのでなければならない。この新たな態度決定に
は，かつてヴィーコによって有効なものと見なされた，文
化哲学という分野領域が持つ哲学批判としてのポテンシャ
ルが再び確認される。文化哲学は使い込まれた概念の二律
背反に先取りされた立場設定を叙述し，その理念的使用に
基づいて吟味を行うことができる。だとしてもそれは日常
的な友／敵の図式に関わってはならない。文化哲学の課題
は党派形成や二極化を行うことではなく，ある特定の文化
的領野——それに文化哲学そのものも属しているのだとし
ても——の内部における党派形成や二極化を主題化するこ
とである。

全体的な叙述を参照）でのこれらの概念の区別についての探求に立
ち返っている。カッシーラーの 1939/40 年「人間学講義」では文化哲
学的性格の彫琢が確認できる。哲学は人間について扱うべきだ，と
いうヴィーコによって掲げられ，ルソーによって強められた要求は
カッシーラーにおいてもまた狭義の人類学につながるだけではなく，
——カントとともに——文化哲学的に特化した迂回へと向かってい
る。その道行きは，カントが定式化していたところでは，自然の諸
要求と「断絶」し，「人類の倫理的規定の最終目標として，完成され
た芸術に至るまで自然と反抗する」ような文化における，人間の自
己表明の分析へと至る（Ernst Cassirer, Geschichte der philosophischen
Anthropologie – Vorlesung Göteborg 1939/1940, in: ders., *Nachgelassene
Manuskripte und Texte*, a.a.O., Bd. 6, S. 3-155 も見よ）。

　文化哲学とは「ひょっとしたら最も疑わしく最も論争的な」哲学の「分野」である[38]——このカッシーラーの注釈は気安く述べられたものでは決してない。それは文化哲学な体系構築が完結しえないということを考慮しつつ理解されなければならない。文化哲学的挑戦を誰よりも判明に把握し，その決着が開かれたままに保持されるべきであることを誰よりも明晰に見ていたのは，カッシーラーであった。偶然を承認することは，神話を克服するための決定的な前提である。それはまた，思考が持つかの神話的なあり方を乗り越えることでもある。神話的思考こそ，偶然の諸条件を洞察することに対して自己を閉ざしているのである[39]。諸原理を問い求め，知の統一やその究極の根拠を問い求めることに慣れていた哲学は，こうした〔偶然を受け入れるといった〕仕方でのトーンダウンには常に過敏であり続けてきた。文化哲学が持つとりわけ哲学的であるところの挑戦は，まさにこの自己理解を刷新すること——正確に言えば，信頼性が抜け落ちてしまうことへ対応するための準備を整えること——にある。

　悲劇の絶望ではなくチャンスとして

　文化の動揺を真面目に受け止めはするが，それを絶望の根拠としてではなく，文化概念を新たに定式化するためのチャンスとして把握したことこそ，カッシーラー哲学の純然たる成果である。カッシーラー以来，文化とは何か直接的でないものであり，意味一般のようなものをはじめて可

---

　38)　Cassirer, Naturalistische und humanistische Begründung der Kulturphilosophie, a.a.O., S.140.
　39)　カッシーラーは死をめぐる知を人間の端的な偶然性条件として指示している。「ある意味で神話的思考全体を死に対して譲らぬ執拗な否認として解釈されうる」(*Versuch über den Menschen*, a.a.O., S. 134〔カッシーラー『人間』182 頁以下〕)。

能にする隠喩である。「文化論的転回」にとって特徴的で
あり，それ固有のあり方を形成しているのは，わたしたち
が意味をもはや単純に持つのではなく，方法に導かれて明
るみに出すということである。わたしたちは知る価値のあ
る古典を単純に利用できたり，教育制度を経由して広めた
りすることができるというのではなく，解釈という迂回的
作業を自身に引き受けることで，そもそもはじめて，ある
いは繰り返し新たに，いかにして意味が個々の事例におい
て実現するのか，わたしたちが文化の諸対象へと適用する
意味とはどの程度わたしたちに関係しているのかを見出す
のである。

　ヴァイマール期における文化哲学の遂行した「文化論的
転回」が胚胎させた意味は，新たなパラダイムの身振りに
おいてあるのではなく，ヘーゲルによってかつて「世界史
の途方もない仕事」[40]と呼ばれたものに負うのでも決して
ない。反対に，文化への転回が胚胎させた意味とは，至高
的主体の帝国的身振りから——ロゴスから，方法から，世
界史から——明証性を創設するという時代がすでに過ぎ
去っており，近代の諸条件のもとでは二度と刷新されえな
い，という基礎的な洞察から出てくるものである。それと
して「死にうる」ものと認識された文化は，ある新たな将
軍的主体としては具合が悪い。なぜならその合理性モデ
ルと反省規範とが同様に疑わしいものとなったからであ
る。出来合いの意味から成る安定した秩序を用意する代わ
りに，文化はむしろ「みずからつくり出した知的象徴」[41]

---

　　40)　Georg Wilhelm Friedrich Hegel, Phänomenologie des Geistes,
in: *Theorie Werkausgabe*, hg. v. Eva Moldenhauer u. Karl Markus Michel,
Frankfurt/M. 1969-1971, Bd. 3, S. 33 f.〔ヘーゲル『精神現象学』上，
樫山欽四郎訳，平凡社ライブラリー，1997 年，46 頁〕.
　　41)　Cassirer, Philosophie der symbolischen Formen, Bd. 1, in:
Gesammelte Werke, a.a.O., Bd. 11, S. 3〔カッシーラー『シンボル形式

の集合体として明らかになる。ある対象を「文化論的転回」の兆しのもとで開示することとはいまや，読み方〔解釈〕の多様性によって対象に帰属させられている有意味性（Bedeutsamkeit，潜在的に意味を持っていること）の諸々の層を分析することとなる。それらをまとめ仕上げることを通して，対象のアクチュアリティはそもそもはじめて獲得されるのである。

　このことが唯一のものではないにしても，それがここで「文化論的転回」として総括される哲学的転換の本質的なものであったことはたしかだろう。文化哲学的転回によってもたらされた革新の中心点には「意味の問題」（Bedeutungsproblem）がある。「文化論的転回」を成し遂げられることで，文化はそれなくしては意味がまったくありえないようなものとして——すなわち「居合わせつつ考えよ」という，あるいは考え・な・け・れ・ば・な・ら・な・いのだという，文化の潜在的諸対象すなわち「文化的事実」から発せられる呼びかけの「絶対的隠喩」として——現れる。直線的時間が空虚であること，知には腐敗の可能性があるということ，自然世界が我々に無関心であることなどはどれも，生を有意義なものとし，生活を意味のあるものとして現れさせるかの構造を，所与へと組み込んだ結果であるという以外の何物でもないのである。

の哲学（1）　第一巻 言語』生松敬三・木田元訳，岩波文庫，1989 年，22 頁〕．

第 4 章

文化哲学への要求

生の哲学と手を切って

　この入門書の体系部門〔である本章〕はある作業仮説に基づいている。ためらいがちにではあるが，文化哲学は哲学的伝統の応用部分であることや，学派であることなどから解放され，最終的に固有の学問領域として輪郭を持つだろうというのがそれだ。このダイナミズムは諸々の文献資料からは常に容易に読み取られるものではない。これから見ていくが，カッシーラーは自身の調子を見つけるために，外国語で話した。注釈することで哲学を遂行するというこの身振りは，分離と区切りを演出するよりも，転換においてもなお恒常的であるものを提示することのほうが重要であるとする自己理解と対応している。とはいえカッシーラーにおいては常に総合への情念がいかなる分析的な関心よりも勝っている。カッシーラーは自身の諸々の著作のなかで，哲学的パラダイム論〔規範についての考察〕が歴史的に変遷していくことの意義を適切に評価しようとした。しかしながら，あれこれと調整・統合しながら実践的に叙述を試みたところで，それは簡単に達成できるものではまったくない。そのため，代わりとして次のような見通しがそこですでに立てられていた。つまりカッシーラーは，文化というテーマが持つ哲学的な意味範囲を明確にしたものとして 3 つの主要な段階——生の哲学，新カント

派，歴史哲学——を認めるのである。それらの哲学的立場
の展開は，目立たないながらも首尾一貫して生じてきた解
放のプロセスとして想定される。

　それらについての説明はさしあたり簡単に済ませておこ
う。ジンメル文化哲学の中心テーゼは，「創造的な生」が
時間のなかで「それ自身がもう生ではないもの，生が何ら
かの仕方でそれに突き当たって砕けるもの，固有の権利要
求を持って生に対抗するものを生み出す」[1]というもので
あった。生の哲学（*Lebensphilosophie*）は，生の根源的統
一という発想を背景にして，文化がみずからのなかで抱え
持っている自己自身との絶えざる軋轢として文明化のプロ
セスを表現する。文化を悲劇として見る観点は，それがそ
の成り行きにおいてまさに自身の存立を危険にさらしてし
まうということに依拠している。ジンメルが述べているよ
うに，生は自己を外化〔放棄〕することにおいて「迂回」
（*Umwege*）[2]へと駆り立てられている。諸々の迂回の途上
で，生は失われ，自己自身との分裂に陥るのである。

　ジンメルは迂回を誤った道として，根源から認可された
唯一の路線からイレギュラーに逸脱したものとして表現す
る。それに対して文化哲学は，カッシーラーが論じている
ように，劇を演じることや自己を危険にさらすことといっ
た見方をたしかに受け入れはするが，しかし同時に根源へ
の憧憬には反対する。根源への憧憬を妥当なものとしてい

---

1)　Simmel, Die Krisis der Kultur, a.a.O., S. 42〔ジンメル「文化の
危機」『現代思想全書』三笠書房，1938年，94頁〕.

2)　Ebenda, S. 37〔「文化の危機」87頁〕.——クラウス・リヒト
ブラウはジンメルによる文化の普遍的規定を迂回のトポロジーと解釈
しているが，それは正しい（Lichtblau, Simmel, a.a.O., S. 70）。「悲劇」
が生じるのは，魂がその発展の軌道に関わり，客体の世界へと入り込
むことによって失われるからである。いまや魂はかの軌道をひとつず
つ完全に踏破しつつ，再び自己自身のもとへ至るという見込みをまっ
たく奪われている（Ebenda, S. 77 f. 参照）。

るのは，ジンメルが後生大事にしているあの「差異化以前
の統一」の呪縛である。まさにここにこそ，文化哲学を生
の哲学から分かつポイントがある。「世界の散文」がつく
り出す対立や矛盾から逃れることはできない。それどころ
か，哲学的な省察が生の本質を「いわゆる形式から解放さ
れた剥き出しの裸性において」[3]示し，自身の判断を独占
的な基準にしようとするのであれば，それらの対立や矛盾
は把握すらされえないのである。カッシーラーは『認識問
題』第 1 巻（1906 年）ですでに，そのような把握を「素
朴」であると突き返し，歴史学的・批判的反省がもたらす
ような，現実には「精神そのものの産出」であるものにつ
いての「硬直化し断固として出来上がったイメージ」を見
て取る[4]。「日常的な見解の独断論」は修正する必要がある。
とは言ってもそれは，認識の意義を低下させるような相対
化として作用するわけではない。独断論を退けることでむ
しろ，精神的イメージの「持続と常に刷新されるその生産
性」に対する感度は強化されるのだ，とカッシーラーは付
け加えている。

　これらの見解に醒めた態度が見られるからと言って，
それが低評価に値するものと決めつけるべきではない
だろう。すでにきわめて初期の段階で，〔カッシーラー
に特徴的な〕文脈主義的で状況に関連づけられた哲学的
世界考察のあり方が浮かび上がってきている。それは後
に「文化学的概念形成の固有で正統なあり方」[5]にとっ

---

3)　Simmel, Die Krisis der Kultur, a.a.O., S. 42〔ジンメル「文化の
危機」94 頁〕.

4)　Ernst Cassirer, Das Erkenntnisproblem in der Philosophie und
Wissenschaft der neueren Zeit, Bd. 1, in: *Gesammelte Werke*, a.a.O., Bd. 2,
S. IX f.〔カッシーラー『認識問題 1――近代の哲学と科学における』
須田朗・宮武昭・村岡晋一訳，みすず書房，2010 年，iii 頁以下〕.

5)　Cassirer, Ziele und Wege der Wirklichkeitserkenntnis, in: ders.,
Nachgelassene Manuskripte und Texte, a.a.O., Bd. 2, S. 162.――カッシー

ての基礎として，彼の「批判的文化哲学」(die kritische Kulturphilosophie) に資することになるだろう。諸々のバリエーションを生じさせる遊動空間〔余地，Spielraum〕と，そこに結びついている逸脱，延期，迂回の事実性 (Faktizität der Abweichungen, Aufschübe und Umwege) こそ，文化を構成するものである。それらが働くことで，生と形式とは同盟関係を形成するのであるが，両者の結びつきはそのつどの瞬間ごとにただ暫定的しかなく，不確かで，持続的に配慮を行うことが必要なものである。

新カント派と手を切って

　先へ進もう。1900 年頃の文化哲学の発見は，文化を悲劇とせざるをえなかった生の哲学者の功績であるが，それだけではなくて新カ̇ン̇ト̇派 (Neukantianismus) の成果でもある。ジンメルは緊張を保ちつつなるべく間接的な仕方でそれとの対決を試みたのであった[6]。とりわけカッシーラーのマールブルク時代の師匠であったヘルマン・コーエンとパウル・ナトルプは，アクチュアルな状況にあわせてカントを復活させることを「文化哲学」として理解しており，——この強調がとにかく必要であると思われたのだろうが——それをまた「はっきりとそのように定義した」[7]。

ラーの科学理論的要求については Michael Hänel, Problemgeschichte als Forschung: Die Erbschaft des Neukantianismus, in: *Das Problem der Problemgeschichte 1880-1932*, hg. v. Otto Gerhard Oexle. Göttingen 2001, S.85-127.

　6)　ジンメルの「カントとゲーテ」(1906 年) 論文 (in: *Gesamtausgabe*, a.a.O., Bd. 10, S. 121-66〔ジムメル『カントとゲエテ』谷川徹三訳，岩波文庫，1928 年〕) が取り上げられるべき。

　7)　Paul Natorp, Kant und die Marburger Schule, in: *Kant-Studien 17*, 1912, S. 193-221, この箇所については S. 218 f. —— Ursula Renz, *Die Rationalität der Kultur. Zur Kultur-philosophie und ihrer transzendentalen Begründung bei Cohen, Natorp, und Cassirer*, Hamburg

アカデミックなカント解釈を行うのではなく，カントの理論的身振りと「天才的な業」をつかみ取り，変化した歴史的諸条件のもとで力強くそれを刷新することが求められたのである。カッシーラーの知的伝記の基本情報に従えば，彼の哲学的業績は〔新カント派という〕このリストへと問題なく付け加えられる。「世界を理解する知とその方法のすべてを歴史的に生成し生起した文化世界の事柄として」把握しようと努めることで[8]，カッシーラーは新カント派の思想家たちの先駆的な仕事から直接的に利益を得ていたのであり，そうした出自をみずから認めてもいた。とはいえ 1930 年代の終わりに，彼は自身の思考のさらなる展開を視野に，そうした認識に対し首尾一貫した修正を施すこととなった。彼にとって新カント派の教義は「疎遠であるばかりではなく」，「自身の考え方に真っ向から対立する」[9]ものとなったのである。

このことはレトリカルなアイシング・ザ・パック〔不意打ち〕以上のものである。文化哲学は「理性の批判」から「文化の批判」へと転換する[10]，という頻繁に引用される章

2002。そのほか新カント派の歴史と特徴については Klaus Christian Köhnke, *Entstehung und Aufstieg des Neukantianismus. Die deutsche Universitätsphilosophie zwischen Idealismus und Positivismus*, Frankfurt/ M. 1985。ならびに論集 *Neukantianismus. Perspektiven und Probleme*, hg. v. Ernst Wolfgang Orth u. Helmut Holzhey, Würzburg 1994。

8) Ernst Wolfgang Orth, *Von der Erkenntnistheorie zur Kulturphilosophie. Studien zu Ernst Cassirers Philosophie der symbolischen Formen*, Würzburg 1996, S. 72.

9) Ernst Cassirer, Was ist »Subjektivismus«?, in: *Gesammelte Werke*, a.a.O., Bd. 22, S. 167-92, この箇所については S. 169 f.。

10) カッシーラー自身による以下の注釈は，この関連で間違いなく最も引用されているものである。「それゆえ理性の批判は文化の批判になる。それはどのように文化のあらゆる内容が，単なる個別の内容以上のものであるかぎり，普遍的な形式原理に基づいているかぎり，精神の根源的所業を前提に持つかということを理解し証明しよう

句は，事柄として入念に基礎づけられた新たな方向設定の表現であり，〔『象徴形式の哲学』の〕この箇所で叙述されている文化哲学の独立に伴う負担を〔カントを引き合いに出すことで〕軽減したものである。この転換はカントをどのように理解するかということに直接関わっている。とりわけカントへと遡るところの，理性の無限の課題と個人的生の有限性との間の対立は，『象徴形式の哲学』では「文化の形式史」を手引きとして克服されるはずだとされている[11]。またそれは他方で，カント主義が哲学的思考を統一する基礎分野として，認識論へとますますみずからを制限していく傾向に関わっている。それに対してカッシーラーは「象徴形式の各部門の体系がそれぞれに持つ固有の価値」[12]を承認することで，その制限を文化哲学的に解体する。1940年代に公刊された『人間』の結論部で述べられているように，哲学は文化の体系的連関を自分勝手に扱うことができない。それゆえ，それぞれ〔の象徴形式が〕遂行する自律化のプロセスの次元において，その挑戦を正面

と努めるものである」（Cassirer, Philosophie der symbolischen Formen, Bd. 1, a.a.O., S. 9〔カッシーラー『シンボル形式の哲学 (1) 第一巻 言語』生松敬三・木田元訳，岩波文庫，1989年，31頁以下〕）。

11) Enno Rudolph, Freiheit oder Schicksal? Cassirer und Heidegger in Davos, in: *Cassirer – Heidegger*, a.a.O., S. 36-47, この箇所については S. 42。

12) Hans Blumenberg, Ernst Cassirer gedenkend, in: ders., *Wirklichkeiten in denen wir leben. Aufsätze und eine Rede*, Stuttgart 1981, S. 163-72〔ブルーメンベルク「カッシーラーを讃えて」『われわれが生きている現実——技術・芸術・修辞学』村井則夫訳，法政大学出版局，2014年，209-22頁〕，この箇所については S. 167〔215頁〕。——『象徴形式の哲学』の始めのページですぐに，カッシーラー自身がその企てを次のような洞察によって動機づけている。「従来の把握と限界における普遍的な認識論では精神科学の方法的基礎づけには十分でない」（Bd. 1, a.a.O., S. VII〔カッシーラー『シンボル形式の哲学 (1)』9頁〕）。

から引き受けながら，象徴形式全体の体系的連関を捉えることが，哲学には義務づけられているのである。

歴史哲学と手を切って

　生の哲学，新カント派に続く第3の契機とは次のものである。新カント派よりも文化哲学にとってはるかに重大で決定的なのは，ヘーゲルのように歴史哲学（Geschichtsphilosophie）を弁神論として構想することと手を切ることである。後期観念論的構想のパースペクティブでは，現実的なものはすべて，あらゆる事実的なものを覆い尽くし，自己に閉鎖した理性的なプロセス構造の境位として概念把握される。理性はその自己発展のために，自己を分散させながら迂回と冗長さのなかで消失することなく，時間において展開するみずからの形式世界との同一性を自覚しなければならない，とヘーゲルは述べた。そこから彼が「無限に多様な関係」のすべてを哲学的思考の管轄領域から締め出したのは首尾一貫したことである。「形式，現象，形態の無限の富」は現実の「核」を「色彩豊かな樹皮」でくるむが，「概念がそれをはじめて貫き通す」[13]。理性と歴史とのこうした共犯関係，およびそこに基づいた特殊なものと個別的なものの排除[14]に，文化哲学は抵抗す

---

13)　Georg Wilhelm Friedrich Hegel, Grundlinien der Philosophie des Rechts, in: *Theorie Werkausgabe*, a.a.O., Bd. 7, S. 25〔ヘーゲル『法の哲学――自然法と国家学の要綱』上，上妻精・佐藤康邦・山田忠彰訳，岩波文庫，2021 年，35 頁〕．

14)　Ernst Cassirer, Freiheit und Form. Studien zur deutschen Geistesgeschichte, in: *Gesammelte Werke*, a.a.O., Bd. 7, S. 383 ff.〔カッシーラー『自由と形式――ドイツ精神史研究』中埜肇訳，ミネルヴァ書房，1972 年，303 頁以下〕参照。文化哲学の始まりに関する広がりはまた，他の人々が思弁的歴史哲学との連関を確保しようと試みていたことにも示される。例えばとりわけヴィンデルバントは文化哲学の名のもとに「ヘーゲル主義の刷新」を唱えたわけである（Wilhelm

る。カッシーラーが言うところの，ますますつのる不満に
よって特徴づけられたヘーゲルとの批判的関係において，
文化哲学的挑戦の次元はさらに明らかとなる。ヘーゲルが
概念的建造物として哲学を押し固め，文化の「色彩豊かな
樹皮」をはぎ取り，哲学的にトリヴィアルなものとしたこ
とで哲学を正当化しようと試みたのに対し，自己自身をあ
えて危険にさらし，理論的飼育場の囲いを越えその外部へ
と眼差しを向けることで，自己を生存の偶然性へと開くこ
とを，文化哲学はヴィーコ以来みずからに特有の任務とし
て認めてきたのである。

Windelband, *Präludien*, 5. Aufl., Tübingen 1915, Bd. 1, S. 273-89 u. Bd. 2,
S. 279-94 参照。Massimo Ferrari, Was wären wir ohne Goethe? Motive
der frühen Goethe-Rezeption bei Ernst Cassirer, in: *Cassirer und Goethe*,
a.a.O., S. 173-94, とくに S. 193 f. と Ernst Wolfgang Orth, Hegelsche
Motive in Windelbands und Cassirers Kulturphilosophie, in: *Der
Neukantianismus und das Erbe des deutschen Idealismus*, hg. v. Detlev
Pätzold u. Christian Krijen, Würzburg 2002, S. 123-34 も見よ）。受容関
心の限界はすぐにやってきた。オルトによれば，ヴィンデルバント自
身が「当然の如くヘーゲルの弁証法的方法をカッシーラーと同様に拒
否する」（ebenda, S. 131）ようになったのである。この結末は注目に
値する。というのも，その核心である弁証法を取り除いたら，ヘーゲ
ルとその同一哲学には何が残ると言うのだろうか。「ヘーゲル主義」
といったような概念はスローガン以上のものではなく，啓発的な価値
がそこからすでに失われたというのは明白である。

第 1 節　文化批判の両義性

批判の概念

　これまで見てきたように，文化とは微妙で扱いづらく，幅広い意味論と複雑な構造を伴った概念である。それと似たようなことは，これまでの話のなかですでに出てきた他の概念にもあてはまる。それは「批判」（Kritik）の概念である。批判という言葉の意味と使い方の多様さは，文化概念に関する豊富さに勝るとも劣らない。

　語源となるギリシア語の「クリネイン」はもともと法の領域で使用される言葉であったが，とくに古代のテクストに関する学問，つまり文献学と修辞学において見られる。批判とは切り分ける技術であり，決断し，分離させ，判断し，訴える技術である。批判を行う者は目の前に直接あるものに対して距離を取り，（義務ではないにしても）転換や改善へのチャンスをそこに捉え，起源への省察を要求し（文献学的／解釈学的に言えば原テクストの復元を目指す），規約を問いに引き戻し，既存のゲームのルールを破る。批判の手続きがさしあたり政治的な野心を顧慮することなく行われるということは注意すべきである。カントによる理性批判の卓越性は格別のものであるが，それは理性そのもののアンチノミーにこだわることで，政治的には控えめである。カントはその語の最も普遍的な理解において「完成」を欲し，「学問の利益」[15]としての認識を増やすことに

---

　15)　Immanuel Kant, Der Streit der Fakultäten, in: *Akademie-Ausgabe*, a.a.O., Bd. 7, S. 1-116〔『諸学部の争い』角忍他訳，〈カント全集 18〉岩波書店，2002 年，1-156 頁〕，この箇所については S. 28〔38 頁〕。批判概念の歴史については Reinhart Koselleck, *Kritik und Krise. Eine Studie zur Pathogenese der bürgerlichen Welt*, 3.

眼を向ける。

　それゆえいまやこの概念のステータスも厄介なものとして明らかになる。というのも文化と同様に批判はそれ自身で目的だからである。フリードリヒ・シュレーゲルとキルケゴールが言うように，みずからの対象を内在的に発展させ，そのポテンシャルを解放することで，批判はみずからを促進しようとし，それどころか生産的であろうともする。そして文化が定義の攻撃から逃れるように，批判の基準もあらかじめ，すべての事例に対して確定することはできない。そのかわりに，批判が要求の多いものであればあるほど，それはますます非独断的に，奇抜に振舞うのである。批判の判断の尺度は，自分自身ともつれ合いながら，諸々の対象と実際に取り組むことのなかでようやく露わになる。

　これらすべてが「文化批判」（Kulturkritik）と呼ばれるものをいかに理解するかという問題に影響を与えている。文化と批判それぞれの複雑さと対応して，〔文化＋批判という〕この複合概念の意味論もまた広大で，様々な前提を持ち，論争的である。いろいろな辞書や，哲学辞典も，この表現をしばしば完全に避ける──それはなぜなら辞典的なものがその概念を単なるスローガンと認定し，一般に低級なものと見なしているからである。実際，この概念はしばしばそのように，つまり純粋に論争的に，闘争概念[16]と

Aufl., Frankfurt am Main 1979; Kurt Röttgers, Kritik, in: *Geschichtliche Grundbegriffe. Historisches Lexikon zur politisch-sozialen Sprache in Deutschland*, hg. V. Otto Brunner, Werner Conze u. Reinhart Koselleck, Bd. 3, Stuttgart 1982, S. 651-75; Michel Foucault, *Was ist Kritik?* Berlin 1992 参照。

　16）　それは特別な仕方でいわゆるイデオロギー批判にあてはまる。イデオロギー概念を術語化しようとする知識社会学的・マルクス主義的試みはうまくいかなかったが，それでも，後に後者は再び政治的レトリックの手段となった。もともとのところ，その概念はそのよ

して使用される——その実践は，複合概念の使用規則に
よってさらに助長されるのである。「批判」は「文化」の
ように，それに内在する推進力が全体化のメカニズムを発
動するような種類の理論的概念に属している。文化に関わ
りがない，ないし批判に値しないものとして叙述可能であ
るようなものは何もないし，誰もそこから逃れられない。
すべてが潜在的には文化であるのと同様に，すべては批判
されるものでありうる。あるいはそれどころか，そうでな
ければ「ならない」のである。それゆえ文化批判はある種
の活動の総称でありえた。それは知識人がかつてよりみず
からの時代の出来事に対して行ってきた無数の注釈や，特
殊な状況を越えて全体へと——暗黙の前提や人間の共同生
活に形式と形態を与える原理原則へと——向かう抗議や辛
辣な分析の伝統を特徴づけてきた名前であった。

ヨーロッパ的伝統としての文化批判

　「文化批判」は周知のごとく広大な領域に見取り図を与
える概念であるが，その実践の根元はヨーロッパ的思考の
源泉にまで遡る。預言者イザヤの旧約聖書的狂乱は，彼
が「娼婦エルサレム」を告発し，御子の誕生とともに訪れ
る大いなる転換を告知するとき，文化批判的である。樽の
なかに住むディオゲネスによる嘲りのしぐさは，ルソーに
よる文明への叱責，あるいはゴヤの《ロス・カプリチョス

うなものだったのである。イデオロギー批判の実践はいずれにしても
この主要な目的に常にこだわっていた。ある種の，深く問題含みの文
化批判が，覇権的な要求を確保するために「特定の」文化を真正なも
のと保証するところでは，みずからが真の根拠であると称するものへ
と敵対者の立場を還元せんとばかりに，イデオロギーを批判する者は
勝手な憶測を繰り広げる。素朴な者の，あるいは恐れを知らぬ告発者
の顔つきで，その人は暴露せんと「背後を探る」。精神文化，とりわ
け他人の精神文化は認められず，とてもまともとは信じられない関心
を覆い隠すものであるとされ，それ以外の何ものでもない。

（気まぐれ）》と同型である。リヒテンベルクの『雑記帳』
はボードレールの目覚めた近代性やキルケゴールの絶望の
解剖学と同様に文化批判的である。前衛作家の異議申し立
てや民族学者レヴィ＝ストロースのメランコリックな人類
学については言うまでもあるまい。

　文化批判的な表現形態の一覧が伝える着想や思いつきに
対する第一印象は，詳しく見ていったとしても覆されるも
のではない。文化批判はどこにでもあるものであり，映画
の世界やアメリカの娯楽劇場にさえ見られるものである。
スタンリー・キューブリックの映画作品は文化批判の性格
を持っている。彼は偽善（《ロリータ》），自己顕示欲（《博
士の異常な愛情》），精神的な放埒（《時計じかけのオレン
ジ》）を映画というかたちで検分してみせる。あるいは別
の例を挙げれば，ジム・ジャームッシュの《デッドマン》
である。ジョニー・デップが列車を降り，ためらいがちに
「マシーン」〔街の名前〕の大通りに出る瞬間などはまさに
それである。ニール・ヤングの悲嘆に満ちた音楽をバック
に，この新しい時代のウィリアム・ブレイクは〔劇中で
ジョニー・デップ扮するビル・ブレイクはノーボディとい
う名の原住民に助けられる。ノーボディはビルを詩人ウィ
リアム・ブレイクだと思い込む〕，様々な罪を犯しながら
我が道を追い求めていく。人間によってもたらされる腐敗
と卑劣が世界をよそよそしいものにし，野蛮へと陥らせ
る。彼は一歩一歩，このような人造世界の深みへと沈んで
いくのである。そこはこの新参者のためにでもなければ，
他の誰のためにつくられたのでもない世界であるかのよう
だ。

　文化批判は豊かな前史を持つが，以下に見るようにやは
りヨーロッパ啓蒙の産物である。それは 18 世紀半ば以来，
直接的な効果が期待されているような，知のタイプ，論証
と公的な議論のタイプを代表している。啓蒙主義者たちは

アクチュアリティに対するみずからの要求を直接的に知へ
と絡ませる。知が認め，知が作り上げるものこそ重要なの
である。かつてシノペのディオゲネスはソクラテスを模範
として，（文字通りすぐ足元にあるのではないにしても）す
ぐ近くにあるものには関心を示さないような思考をしてい
たわけだが，啓蒙主義者たちは当然ながらこのような思考
につっかかっていった[17]。「テオリア（観想）」という仕方
で世界から哲学的に距離を取ることに対してこのように嘲
笑することは，しばしば好んで模倣されていった。使え
るか使えないかで知の価値を測り始めたのはフランシス・
ベーコンであったが，ソクラテスが『テアイテトス』のな
かで整理しているような，具体的でわかりやすいもののレ
ベルへと低くへりくだることとは逆であるような態度につ
いて理解を示すことは，遅くともベーコンとともに消滅す
る運命にあった[18]。距離を確保するように命ずることとし
ての「テオリア」に対する後代のひとつの反応が，19 世
紀半ばに登場しすぐさま広がっていった，象牙の塔に対す
るよくある非難である。そこから抜け出そうとすれば罰せ
られる，歴史哲学的に基礎づけられた進歩という前提のも
とで，学識によって世界から遠ざかることが当初持ってい

---

17)　Diogenes Laertius VI 28 u. 53/54〔ディオゲネス・ラエルティ
オス『ギリシア哲学者列伝』上，加来彰俊訳，岩波文庫，1984 年，
153-54 頁〕参照。通俗的にはとりわけキケロが影響力を持っていた
に違いない。彼はその国家論（De re publica I, 19, 31〔『国家について』
岡道男訳，〈キケロー選集 8〉岩波書店，1999 年，21 頁，31 頁〕）で，
自身の知るところを超えて実践的生活の要求を見失う人の性格描写を
繰り返している。「誰も足元にあるものを見ようとせず，ただ空を眺
めて探している」。

18)　ソクラテスはさらに次のように続けて説明している。「哲学
に生きるすべての人々に反対するのは，これと同じ嘲笑で十分である」
（『テアイテトス』173e, 174b〔『テアイテトス』田中美知太郎訳，〈プ
ラトン全集 2〉岩波書店，1974 年，278-79 頁〕）。フリードリヒ・シュ
ライアマハーの翻訳から引用した。

た楽しみはもはや，イデオロギー批判の糾弾に屈服した。
事態を素直に受け入れるのを拒否することは，反時代的な
ものであるという次第である。

　まさにこうした非難の意味で，最近ではピエール・ブル
デューが哲学遊戯を再び伝統的な仕方で嘲ってみせた。そ
れによって彼は，それ以上原理的には展開することができ
ないような「社会学的理性批判」[19]を行うためのきっかけ
としたのである。ブルデューは知，とりわけ哲学の知が，
みずからの社会的，政治的，制度的諸前提を明らかにする
ことを当初から怠っており，またみずからの可能性の条件
が知られないように故意に閉じこもってきたのだと非難し
た。知識社会学の企てがこうした引きこもりと折り合うこ
とはあるまい。それは哲学遊戯の不真面目さに決然と抗議
し，そのスキャンダルを暴くのである。こうした所見によ
れば，哲学はそれ固有の要求にしたがって何よりも真理へ
と義務づけられているはずの学問分野を僭称しながら決定
的な真理，すなわち哲学自身の真理については拒絶してい
るのである。

　この例が示しているように，文化批判は知の代弁者〔で
ある哲学〕を前にしてもしりごみすることがない。反対
に，グリム童話のハリネズミのように，それはどこを見て
も「いつもすでにいる」〔「ウサギとハリネズミ」の話に，

---

　19)　Pierre Bourdieu, *Meditationen. Zur Kritik der scholastischen
Vernunft*, Frankfurt am Main 2001, とくに S. 18 以下〔ブルデュー『パ
スカル的省察』加藤晴久訳，藤原書店，2009 年，24 頁以下〕。——
「象徴的秩序」は「学者的態勢において存続している根源的な抑圧」
を基礎する，というのがブルデューのテーゼである。彼はそれを「超
俗的で目的を持たず，諧謔的に世界と関係を取る」ことのハビトゥス
として実現した可能性として理解することを求めている。この意味で
第一次的な学者的領野とは——ブルデューはそれを「偉大なる抑圧」
という表題のもとで表現している——哲学である。それは「学者的世
界のプロトタイプ」なのである。

競争に必ず勝つハリネズミが登場する〕。哲学の批判者で
あるブルデューに特有の暴露的実践はそれどころか, 対立
が一度生み出されてしまったらもう, そのフィールドの外
に立つことなどは, とうの昔からわたしたちには不可能な
のだとさえ思わせる。だからと言って, 批判者の抗議には
素直に従っておけと言っているわけではない。批判と反対
の方向に陣取って, 社会学的批判に抵抗して理性の権利
を, あるいはそれどころか理性の命令を突きつけ, 資本や
時局的なものが世界へと押し寄せることに対して異議申し
立てを行うというのはむしろ容易なことである。感情的に
理論が賛美されるようになるのは, このようなところから
だろう。もしかするとプラトンの描くソクラテスがそこで
は模範として引き合いに出されるのかもしれない。彼は唯
物論者たちが見えないものを排除して, みずからが真理で
あると思っているものを素手で捉えようとしているではな
いか, と嘆いたのである。そこからさらに考察を進めれば
つまるところ, 哲学的な語りの無欠さをそれ自身で危険に
さらしたくないのであれば, 外的な目的設定の命令に抵抗
するにしても, それは原理的に間接的に行われなければな
らないという考えにたどり着くのかもしれない。

文化批判の4段階

　このような曖昧さを症候として見るならば, 文化批判に
よる不安定化が知の自己根拠づけへとどれほど深く浸透し
ているか, ということが理解されうる。このことはここで
も決定的なものとなりうる。文化批判のモチーフはきわめ
て多様な仕方で出現してくるので, それらすべてを適切に
把握して整理することは至難の業であろう。それゆえ以下
では議論の仕方を変えて, 文化批判に関する諸々の理解を
コンパクトに整理し, それらを系譜学的に仕上げることに
したい。具体的には,「a) 準備期」,「b) 成立期」,「c) 限

界解放期」,「d) 文化の哲学的批判」という4つの段階を
文化批判の主要な局面として整理する。

　a) 準備期　　　世の中を支配する弊害に対する抵抗, 倫
理道徳の腐敗に対する告発, 時代の精神に対する反発——
これらすべてが哲学的反省はおろかそもそも世界文学の最
古の文献に見られるということは疑いようがない。ルキリ
ウス宛の第90番道徳書簡において, ローマの哲学者セネ
カはすでにそうしたモチーフを範例的に収集し, 独特の仕
方で対照的に論じている。彼は起源の無欠さ——「腐敗な
き自然」(natura incorrupta)[20]という主導イメージ——を
同時代に観察される腐敗に対置してみせる。セネカはディ
オゲネスを自身の証人として, かつて受け入れられた糸を
ふたたび紡ぎ, 節制の徳を渇望と放縦の強烈な現象形式に
対置し, あるいは日和見に対して毅然とした態度を, ごま
かしに対して誠実さを対抗させ, あるいはかつて星空のも
とで夜を明かしていた人々が抱いていた世界に対する信頼
を, 夕べになれば家の戸に鍵をかける都市の住人たちが抱
える深い不安と比較する。こうした実例をはじめとするリ
ストを長くすることに苦労はなかったであろうが, 基本と
なる印象はいつも同じである。セネカは自身の判断の不動
さを, いつでもどのような状況でも正しくあるものによっ

---

　20)　L. Annaeus Seneca, Ad Lucilium epistulae morales, in: ders.,
Philosophische Schriften, hg. v. Manfred Rosenbach, Bd. 4, 2. Aufl.,
Darmstadt 1987, S. 340 ff.〔『倫理書簡集Ⅱ』大芝芳弘訳,〈セネカ哲学
全集6〉岩波書店, 2006年, 203頁以下〕——復興の問題は, 統合的
「批判」という編集的概念と, 同様に「救済的批判」の衝動をあらか
じめ示している。それについては Jean Starobinski, Diese Entscheidung
ist eine Sache von Leben und Tod. Auswählen, wiederherstellen, deuten:
Die drei historischen Wurzeln der Kritik, in: *Häutung. Lesarten des
Marsyas-Mythos*, hg. v. Ursula Renner u. Manfred Schneider, München
2006, S. 93-99.

て確証された知から獲得する。彼の道徳書簡は，その無欠
を復元することが求められるべき全体的秩序を暗に前提に
している。セネカによる「先駆的な」文化批判は，それに先
立つすべての形式と同様に，原状回復の期待によって担
われている。要するにこれは復旧的文化批判（*restitutive
Kulturkritik*）の表現形態であると言えよう。

　b）成立期　　古来の文化批判の遺産はとりわけ次の 3
つのあり方としてある。文化批判はかねてより文化の自己
配慮のひとつの形式（eine Form der Selbstzuwendung der
Kultur）を表現するものである。このことがまずは基本
として認められる。そこに両極性における思考（Denken
in Polarität），それから原状回復への意志（Wille zur
Restitution）という特殊なモチーフが付け加わる。これら
の要素が後の時代の文化批判へと引き継がれ，その発展史
は遠く近代の内部にいたるまで蓄積しながら続いていくこ
とになる。

　そうして原状回復という具体的なイメージは，近代哲学
に特有の分節化要求を決定的な場面において緩和してき
た。例えばフランシス・ベーコンの箴言集『ノヴム・オル
ガヌム』にそれはまず見られる。けれども復旧の要求は
──すでにベーコンにおいて──ある程度修辞的なものと
なっていた。例えば存在の秩序という考え方は，ベーコン
は妥当なものとして依拠していたわけだが，それとしては
もはや実効力を失っていたので，例えば〔デカルト的な
「我思う」という〕「コギト」へと変更された基盤の上に，
まったく新しく打ち立てられる必要があった。近代初頭に
成立しているのは，形而上学的な庇護と真理の自己表現へ
の信頼とが失われたという経験である。このことを背景と
して考えるならば，批判という啓蒙主義のパトスと，無数
の似たような考え方に共有された，精神的・道徳的・社会

的世界を包括的に新しく基礎づけようとする欲求とはうまく折り合いがつけられる。啓蒙主義は近代化の第一波に知的衝撃を与え、同時にその初期の批判に哲学的なキーワードを提供したのである。

　文化批判を他と取り違えることのできない独自の言説として作りあげたのは、とりわけルソーであった。ルソーのおかげで文化批判に関する諸々のテーマはまとめあげられた。彼の論調は辛辣であった。そのため、文化批判に対する風当たりも強く〔なり、つまりは目立つように〕なったのである。ルソーの挑発的な態度と狂気じみた諸々のスローガンは、彼のパフォーマンスによってはじめて、すべて同じ性質を持つ言説なのだと理解されるようになった。ルソーはそのような所作を利用して、みずからの主張が喫緊の重要性を持つものであることを打ち出してくる。このときはじめて、批判にはそれ自体で要求しうる権威が付与されたのであった。ルソーは外部の立場というものを巧みに作り出した。それによって、訴追されることのないように仕立てられた場所から社会の内部に意見し、告発を行い、人類一般のための利害を放棄しながら、不可侵であるべき個人にすべてを賭けることが、彼には許されたわけである。

　このことをもって、批判は新たな性質に到達した。それまで知は自身の基準を人間的なものを超えた何かに認めてきた。例えば絶対者の無限性や、イデア界の無制約性、厳密に遂行された方法の無謬性などが知の基準であったわけである。近世においてもまだ、知の地平は「人間を超えて」（supra hominem）広がっていくことができた[21]。それ

　21）　ルソーが世に登場するわずか2世代前の1695年にはまだ、ライプニッツが自身の計算機研究を SUPRA HOMINEM、つまり「人間を超えて」というモットーのもとに行っていた。それは人間的能力と超人的能力の不均衡を感じさせるものであるとともに、科学的・哲

とは反対に，ルソーは人間という基準と，人間存在の本性
に合致するもののみに知を従わせたのである。この主張は
もともとモンテーニュの精神によって作り上げられたもの
だが，後にカントとゲーテによって見出され，高い評価が
与えられた。このこともまた，この理念が獲得したサクセ
ス・ストーリーの一端を垣間見せるものである。人間自身
が「自由に行動する存在者として自己自身からつくる」[22]
ものを中心化しようという決断的態度によって，カントの
人間学〔『実用的観点における人間学』〕は文字通りの意味
において「実用的」（pragmatisch）である。抽象的に形成
された決まりごとには，人間の知と行為を硬直させてしま
う危険がある。カントにとっての哲学的人間学とは，その
ようなものから，人間の生き生きとした欲求を分かつため
の手段なのである。

　抗議の態度はルソーの公の成功を約束し，その持続的な
影響力を確かなものとした。ところでもしかすると，まさ
にこのことはルソーと彼によって軌道に乗せられた文化批
判にとって，最も深刻なパラドクスであったと言えるかも
しれない。ルソーは同時代の原則や期待とは誰よりも徹底
的に縁を切る。だがそれによって，彼はむしろ時代の欲求
に応えたかのように見えるのである。文化批判という言い
方はルソー以来通用するものとなったが[23]，それは文化の
名における文化の批判なのである〔このことについては本

学的世界認識の要求を強調するものである（Eike Christian Hirsch, *Der
berühmte Herr Leibniz. Eine Biographie*, München 2000, S. 318 ff. 参照）。

　　22)　Kant, Anthropologie in pragmatischer Hinsicht, a.a.O., S. 119
〔『人間学』渋谷治美・高橋克也訳，〈カント全集 15〉岩波書店，2003
年，11 頁〕.

　　23)　わたしはここでシュネーデルバッハの注釈をパラフ
レーズしている。Herbert Schnädelbach, Plädoyer für eine kritische
Kulturphilosophie, in: *Grundlagentexte Kulturphilosophie*, hg. v. Ralf
Konersmann, Hamburg 2009, S. 263-75, この箇所は S. 269。

節の終わりを参照〕。

c）限界解放期　　文化批判が啓蒙主義の子どもである
ことをわたしたちは見てきた。それまで神聖視されてきた
生活世界の動揺は，すでに 18 世紀には感じ取られるよう
になり，様々な仕方で言及されるようになった。文化批判
とはその動揺の随伴現象である。わたしたちはその多様
な現象を通常，「近代」という概念のもとでとりまとめ把
握している。近代はそのはじめから同時代人たちと対立し
ている。近代とは，とにかくまだ妥当している規範や規範
性ではもはや満足ではないとする諸要求の集合体なのであ
る。

　結局のところ，文化そのものが批判の対象となるという
のは，文化の妥当性が急速に失われいくという未曽有の経
験である。かつては拘束力のあったものでもいまでは，機
能不全を起こすものとして乗り越えられなければならな
い何か時代遅れのものと見なされうる。だとすればここ
に，進歩が解釈の選択肢として提案される。逆に，新しい
ものが脅威と感じられることもありうる。少しでも同程度
の価値あるものが補充されることもなしに，従来の世界が
一掃されてしまうのではないか，という不安である。だと
すればここに，今度は衰退が解釈の選択肢として提案され
る。こうした解釈の対立が現れる議論の場こそ，文化とい
う場所にほかならない。文化はこの対立によって著しい緊
張の圧迫に陥っている。一方で，ある人々は，シラーに倣
い，文化の概念を節操なく祭り上げ，それをほとんどただ
「高等文化」という意味でのみ使用する。それによって文
化概念の無自覚な濫用が許容される。それに対し，他方
でその概念はラディカルな無価値化をも経験する。19 世
紀に頻出する文化批判的な感情の高まりを示す語彙，すな
わち「嫌悪感」，「吐き気」，「倦怠」，「不快」を軸としたレ

トリックは，文化礼賛に並行する傾向の表現である。幻滅
がもたらす底が抜けたような感覚というのは，結局のとこ
ろ文化に譲歩する気のあったルソーであれば夢にも思わな
かったことだろう。そういった幻滅の帰結として，文化そ
のものはニーチェ以来，とうの昔に解決が放棄されてし
まっていた問題と見なされる。つまるところ 1927 年にフ
ロイトが近代的個人の抱えるジレンマを指摘して，次のよ
うに述べる。文化とは「人類普遍の利益であるべき」なの
に，みずからに背負わされた無理な期待，否認，抑圧のせ
いで，各個人は「潜在的に文化の敵」なのである[24]。

　そのような所見の劇的効果が，「批判理論」（Kritische
Theorie）の出発点となる直観を形成する。この学派はま
ず 1930 年代において，さらに 20 世紀の後半以降，アウ
シュヴィッツという歴史的記号が抱く深い印象のもとで，
みずからの哲学的思考の鍵概念としての批判に重要性を与
えることができた。「アウシュヴィッツ以後の文化はすべ
て，そうした文化に対する切迫した批判もろとも，ゴミ
屑である」という言葉は，アドルノの著作『否定弁証法』
（1966 年）のなかに見出される[25]。それはシュペングラー
の，ハイデガーの，あるいはゲーレンの復古的文化批判へ
と向けられた裁きであるが，そう言い放って終わりという
わけではなかった。その代替案としてアドルノは，社会理
論の支援によって確証されるべき哲学的文化批判という視
座を提供したのである。

　　24）　Sigmund Freud, Die Zukunft einer Illusion, in: ders.,
Kulturtheoretische Schriften, Frankfurt am Main 1974, S. 135-89〔フロ
イト『幻想の未来／文化への不満』中山元訳，光文社古典新訳文庫，
2007 年〕，この箇所は S. 140〔12 頁〕．
　　25）　Theodor W. Adorno, Negative Dialektik, in: *Gesammlte
Schriften*, a.a.O., Bd. 6, S. 359〔アドルノ『否定弁証法』木田元他訳，
作品社，1996 年，447 頁〕．

　もっとも，このイデオロギー批判的に浄化された文化批
判の実践によって，アドルノは自身の読者をほぼ解消する
ことのできない矛盾に直面させたのであった。すなわち一
方で所与の文化を承認することの不可能性があり，他方で
その文化を拒むことの不可能性があったのである。それ
に加えて致命的であったのは，文化産業（*Kulturindustrie*）
という概念である。これは 40 年代初頭に影響を及ぼしは
したが，それ以後は二度とまともに取り上げられることが
なかったものである。なぜならこの概念によって，映画と
ジャズを代表とするポップカルチャーの成功した諸形式が
あからさまに拒否されたからである。これと同じような
諸々の概念によって，彼の文化批判はそのまま自己封鎖へ
と追い込まれ，同時代の表現形式について細やかに知覚す
ることに失敗してしまった。なぜなら，彼の弁証法的思考
は見事な練達の域にまで達してはいたが，それだけになお
さら，現実の枠組みからは外れてしまっていたがためで
ある。かつての道連れであったベンヤミンが，ホルクハ
イマーとアドルノによって排除された表現世界の啓発的価
値をかねてより理解し記述していたということを想起すれ
ば，理論史的に見てこのことはますます注目に値するも
のとなる。「世界を股にかけているミッキー・マウス」と
チャップリンの演じるキャラクターをベンヤミンは「集合
夢」のキーとなるイメージと理解していた[26]。それらのな
かで演じられる狂気に満ちた喜劇は，文明化のプロセスに
よって抑圧されたものを無媒介に表現へともたらすのであ
る。

　26）　Walter Benjamin, Das Kunstwerk im Zeitalter seiner
technischen Reproduzierbarkeit (erste Fassung, 1935/36), in: *Gesammelte
Schriften*, a.a.O., Bd. I, 2, S. 431-69〔ベンヤミン『複製技術時代の芸術』
久保哲司訳，『ベンヤミン・コレクションⅠ　近代の意味』浅井健二
郎編訳，ちくま学芸文庫，1995 年〕，この箇所は S. 462〔620 頁〕。

　d）**文化の哲学的批判**　　先に見たように〔第 3 章第 3
節参照〕,〔カッシーラーの〕批判的文化哲学は伝統との断
絶の徴表であったし，そのようにみずからを理解してい
た。それは視野拡大の表現であり，哲学的思考の新しい立
ち位置を要求したのである。この断絶は外から，すなわち
第一次世界大戦という歴史的記号によって引き起こされた
ものである。20 世紀の始めの破滅がかつての理念によっ
てもたらされ，莫大な悲惨が組織的に引き起こされたとい
うことは，多くの同時代人に次のような洞察を強いた。こ
れまでに経験したことのない危機の先鋭化によって，文化
とともにその反省的審級も，すなわち芸術，科学，哲学も
また，人間世界全体におけるみずからの位置を再吟味する
ように挑戦を受けているのだ，と。

　文化批判の直観を概念把握しようと望む者は，イデオ
ロギー批判的な刺激反応図式に起因する激情を抑えて
おかなければならない。文化批判の歴史的現象学（eine
historische Phänomenologie der Kulturkritik）は，定式化の
諸前提へと接近することを試みる。そのためには，歪曲や
自己誤認の塵芥を取り除くことから始めなければならな
い。こうした仕方で視野を広げることで，文化批判の実
践は文化の反省的な自己配慮として際立ち，次のような
区別が可能となる。まずは規範的文化批判（*die normative
Kulturkritik*）である。その批判の地平は，没落の悲劇とい
うお決まりの図式と，近代以前の生活形式を美化すること
にいつも制限されており，そのような見方をあらかじめ前
提するのである[27]。それと対立するのはより進展した，ど

───────────

　27）　文化批判に対する反論者たちは，規範的文化批判というこ
のタイプをことさらに取り上げた。彼らにとって，そのような文化批
判はかの反近代主義（ド・メーストルやマシュー・アーノルドから，
メラー・ファン・デン・ブルック，クラーゲス，シュペングラーのよ
うな怪しげな人物たちを介してドストエフスキーやホフマンスタール

ちらかと言えば記述的な文化批判，反省的文化批判，とりわけ復旧以後の文化批判（die avancierte, eher *deskriptive*, die *reflexive* und vor allem *postrestitutive Kritik der Kultur*）である。それは文化的自己主張のプロセスを再構成し，自身もまた先へ進んでいくような批判である。この〔規範的文化批判と記述的文化批判という〕区別に立脚する文化批判の理論にとって基準となるのは，文化的反省のプロセス

に至るまで，かつて「保守革命」として公衆に受け取られていったもの）の変種と見える。反動的な批判はとりわけ，そして当然のごとく，文化に対する悲観主義の行き過ぎた諸形式に対して反感を抱く。この種の文化批判はその診断を激化させ，きわめて疑わしい考えの型を喧伝する。それは，対概念を用いた単純な図式（友 vs 敵，身内 vs よそ者）へと複雑な事象を強制的に入れ込もうとする危険な傾向を持ち，（技術への信頼と進歩の表象を含む）西洋的文明モデルを悪魔的なものとみなす。それに対して（母なる自然，健全な社会の支配のもとにある）無垢なる根源状態，原罪以前の世界を美化するのである。これらすべてはすでに 18 世紀において見て取ることができる。対立概念の使用が流行し，それに伴って近代的文化批判もプログラム的に始められることとなった。なお共和主義的理想を抱いていたシラーは革命期のフランスの状況に直面し次のような詩を創作している。「群衆が騒ぐところで，／幸福が栄えることはできない／…そこでは女たちはハイエナとなって，／恐怖を嘲り，／なお震えながら，豹の牙で，／敵の心臓を引き裂く。／聖なるものはもう何もなく，それは／敬虔な恥じらいの紐帯をすべて解き，／善人は悪人に場所を明け渡し，／重荷はすべて自由となる！」。——『鐘の歌』は 1800 年という時代のミューズのカタログのなかで奏でられ，数世代に渡ってドイツの学校で教えられるようになった。該当するルサンチマンに特徴的な一覧——反共和主義的情動，セクト化と偽善，大衆と女性の嫌悪，権威や拘束に対する盲目な信仰とペアであることも稀ではなかった蒙昧——は，ただ次のような結論のみを許容する。ここ 25 年ほどで文化批判として耳にしたものについて，その多くは，あるいはそれどころかほとんどが救いようのないものだ，ということである（この問題に関する参考文献については *Kulturkritik*, hg. v. Ralf Konersmann, a.a.O. に一覧がある。また別のものとして，雑誌『文化哲学』（*Zeitschrift für Kulturphilosophie*）が 2007 年に「文化批判」をテーマとした特集を組んでいる）。

なるものは一般的に広まっており，とりわけ文化的組織が
流動的であるか，そもそも恒常的な運動の内に取り込まれ
ているところでは，その反省も数多く現れる，というテー
ゼである。反省プロセスがどのような制度的枠組みを好む
か，それがそのための特殊概念を発展させるかどうか，と
いうのは千差万別である。だとしても，諸々の文化が反省
審級を形成すること，みずからの状態と制度の現象的なイ
メージを批判的に——すなわち物事を区別し理解しつつ価
値づけを行いながら——視野におさめるという可能性を，
反省によって獲得するということは，全般的に通用してい
るのである。

　ところで，変化した歴史的状況のもとではこの批判の担
い手も交代する。それどころか，18 世紀に出現した「公
共性」の現象のような目新しい議論もときおり現れてく
る。それでも哲学批判という課題はそのなかでもとりわけ
特殊な仕方で——つまり近代に典型的な仕方で——与え
られる。それは遅くとも 19 世紀初頭以来，歴史との連関
における現在の自己反省として登場してきているもので
ある。哲学とは「みずからの時代を思想において把握す
る」[28] ものである，という 1820 年のヘーゲルの主張は影響
力の大きいものであった。この定式はそのまま文化批判に
なりうるわけだし，ヤスパースのように「時代の精神的状
況」から哲学的に断絶することを呼びかけるものとして理
解することもできる。それはしかし，ヘーゲル自身が考え
たように，世界を根本的に肯定するための基礎理論とも解
釈されうる。実際のところヘーゲルはこの意味で，新時代
の批判者たちに対して毅然と対決を挑むような近代の擁護

---

　28)　Hegel, Philosophie des Rechts, a.a.O., S. 26〔ヘーゲル『法
の哲学』上，37 頁〕。このモットーの解釈については *Sonderheft der
Allgemeinen Zeitschrift für Philosophie* (Jg. 25, Heft 1, 2000)。

者，という役回りを演じているのである。ヘーゲルが非難
しているように，疾風怒濤時代の思想家たちも，青年ドイ
ツ派とロマン主義者たちも，時代診断が明らかにするかの
精神的挑戦をまさしく拒んでいる。ヘーゲル哲学はそれに
立ち向かうのだ，というわけである。社会的世界の諸制度
は人間の役に立つものであるのか，その幸福に資するもの
であるかという，ルソーにインスピレーションを受けた文
化批判の根本問題を，ヘーゲルは「公に承認されたものか
らの逸脱，それどころかそれに対する敵対」[29]の表現とし
て，言い換えれば自由の意識における進歩を妨害するもの
として見ている。

　それに伴ってヘーゲルは，〔近代へと〕肩入れするが同
時にその党派的立場を乗り越えようとするといった曖昧さ
の危険を冒している。彼の方策とは，近代を反批判的に肯
定し，それを普遍的な批判の契機として示す，というもの
である。もともと，近代文化は批判というものを自己理解
に付随させており，「分裂・矛盾」というのもその表現レ
パートリーのひとつであったというのである。このよう
に，ヘーゲルは反動的な規範的文化批判を，歴史的過程全
体の論理のもとに位置づける。それはいまや，精神が自己
自身の意識へと発展するという，抽象的ではあるが必然的
な行程におけるひとつのエピソードへと格下げされるので
ある。そうすることでヘーゲルは，起源への憧憬を諦める
ことのできない近代批判の熱情を白けさせてみせる。

　批判——それがまさにヘーゲル以後の哲学の要求を定義
する——は，文化の基礎的な合意関係やその解釈範型と規
約に対する注意を先鋭化させる。批判とは文化の真理であ

29）　Hegel, Philosophie des Rechts, a.a.O., S. 15〔ヘーゲル『法の
哲学』上，17頁〕.

るわけだから，文化批判を欠いた文化学など存在しない[30]
というホルクハイマーの注釈は，ヘーゲルの思想を克服す
るものであり，同時にその帰結でもある。両者が正当であ
ることに疑いはない。哲学は地上の楽園の契約へと逃避す
ることを諦めなければならない。それゆえヘーゲルは正し
い。生起するものをとにかく理想化することは，啓蒙主義
時代以来，もはや哲学的に不可能となった。それゆえホル
クハイマーも正しいのである。

カッシーラーによるヘーゲルとの対決

　無制約的な「批判」と刺激に耐性のある適応の間のこ
のような絶望的なアポリアから，カッシーラーはすでに
早くから抜け出していた。彼は新カント派の学派的関係
から，あるいは生の哲学的なインスピレーションや，歴史
哲学的な思弁から，ますます明確に解放されていった。彼
とともに文化批判の最新の局面，真正に哲学的な文化の
批判という局面は始まる。本章の冒頭で挙げた「文化の
批判」という『象徴形式の哲学』の定式は，「新たな判断
術」（nuova arte critica）というヴィーコのプロジェクトを
引き合いに出しながら，それに加えてカント〔の「理性の
批判」〕を参照するものであるが，ほのめかされているよ
うに，それは明らかにカントを超えようと望むものであっ
た。しかし同時にそこで問題となっているのは，ヘーゲル
から手を切ることであり，ヘーゲルのように思考を歴史哲
学的に機能化することを断念することでもある。カッシー
ラーの著作を読んではっきりとわかるように，最も穏健な
ヘーゲル主義の間でいまだに広まっていた，強さを強さと

30)　Max Horkheimer, Korreferat zu Rothackers Probleme und
Methoden der Kulturanthropologie, in: *Gesammelte Schriften*, a.a.O., Bd.
13, S. 13-18, この箇所に関しては S. 17。

して称賛し，その権限に服そうとする心持ちは，カッシー
ラーにはもはやまったくもって無縁である。文化の批判と
いう哲学的プログラムは，例の「権力の内にある真理」[31]
としてヘーゲルが要求していたような，哲学を媒介して真
理を承認することに対する批判である。理性は個々人の情
念を駆り立てることで，普遍的理念を軌道に乗せる。いわ
ゆるこの「理性の狡知」の原理について，ヘーゲルはかつ
てベルリン期の歴史哲学講義において範例的に語ってい
た[32]。それとはまったく反対に，カッシーラーは個の「自
立した意義」と「自立した価値」とを哲学的に正当化しよ

---

31)　Georg Wilhelm Friedrich Hegel, Die Verfassung Deutschlands,
in: *Theorie Werkausgabe*, a.a.O., Bd. 1, S. 451-609, この箇所に関して
は S. 529。——カッシーラーはヘーゲルの定式を何度も引用してコ
メントしており，そのつど違和感を募らせていく。最終的に，彼の
没年である 1945 年には，稀にみる辛辣さでその定式を「かつてどん
な政治家や哲学者によって講ぜられたファシズムのなかでも最も明
晰かつ無慈悲なプログラム」(Ernst Cassirer, *Der Mythus des Staates.
Philosophische Grundlagen politischen Verhaltens* [1945], Frankfurt am
Main 1985, S. 347〔カッシーラー『国家の神話』宮田光雄訳，講談社
学術文庫，2018 年，457 頁〕) と非難している。15 年に渡って激しさ
を窮めていくカッシーラーの批判について記録しているのは Rainer
A. Bast, *Problem, Geschichte, Form. Das Verhältnis von Philosophie und
Geschichte bei Ernst Cassirer im historischen Kontext*, Berlin 2000, S.
470 f. である。

32)　ヘーゲルは特徴的なやり方で歴史的経験の実在論を概念的
構成の観念論と組み合わせており，それについて次のように説明して
いる。「理性は情念を自身のために働かせ，理性が自己を実在化させ
るものは損害を被る。それは理性の狡知と呼ばれるべきである。とい
うのもそれはある部分は否定的，ある部分は肯定的であるような現
象だからである。特殊なものが普遍的なものに対抗することはほとん
どなく，個人は犠牲に供され，放棄される。理念は定在と過去の代償
を自己からではなく，個人の情念から支払う」(Vorlesungen über die
Philosophie der Geschichte, in: *Theorie Werkausgabe*, a.a.O., Bd. 12, S.
49〔ヘーゲル『歴史哲学講義』上，長谷川宏訳，岩波文庫，1994 年，
63-64 頁〕)。

うとする[33]。ヘーゲルは理性と歴史とを和解させようと試
みた。それは〔ヨアヒム・リッターによって〕まったく正
しく解釈されているように[34]，両者の連続性を近代の時代
的諸条件のもとで救い出すことを意味する。それとは異
なり，「文明世界」（mondo civile）へと手を伸ばすことは，
すでに触れたように〔第 2 章第 1 節のヴィーコ論を参照〕，
哲学的思考における意識的な断絶を際立たせる。要するに
一方で，カッシーラーはみずからに制限をかけ，有限的理
性の持つ多様な声に根底から耳を傾けようとする。しかし
他方で，ヴィーコによって切り開かれ，数多くの段階を経
てカッシーラーによって完遂された文化哲学的転回は，人
間によってつくられた世界の証言としての「文化的事実」
（faits culturels）に対して，哲学的な眼差しを研ぎ澄ませ
るように要求する。

現代における文化批判の必要性

　いつの知識人たちも，みずからの時代の出来事に対し
て，異議申し立てと鋭い分析を与えてきた。文化批判と
は，そのようなものの総称である。しかし伝統への信頼
と，拠り所と安全を約束する包括的秩序の全体が失われた
ときにはじめて，文化批判はみずからの持つ近代特有の性
格をはじめて経験したのであった。文化批判のパラドクス
とは，背景がこうして推移したことの結果である。文化批

---

33)　Cassirer, Naturalistische und humanistische Begründung der
Kulturphilosophie, a.a.O., S. 152. 同じ箇所でカッシーラーはヘーゲル
への応答を「あらゆる文化哲学の出発点において我々を捉える問い」
として定式化している。

34)　Joachim Ritter, *Hegel und die französische Revolution*,
Frankfurt am Main 1972〔リッター『ヘーゲルとフランス革命』出口
純夫訳，理想社，2009 年〕，とりわけ S. 68 f.〔78 頁〕。

判とはそれ以来，まさに文化の名における文化の批判と
なった。それゆえ文化の病理についてさらに語られること
になる。加えてその前史を鑑みるなら，文化の批判が――
その表現のレパートリーが将来的にさらに発展しようがし
まいが――自己自身への批判を抱き込んでいるということ
は容易に理解されうるのである。

　けれどもさらに，この概念の強みについても忘れるべき
ではないだろう。政治的なものと異なり，文化的なもの
は，状況，経験，対象についての先入観にとらわれること
のない，それどころか「利害を排した」知覚が展開されう
る場所を自由に使用することができる。それゆえ文化的な
ものと政治的なものの間，「文化の批判者」の役割と「文
明に仕える兵士」[35]の役割との間で強制される決断を拒む
のも許されるのである。次の一手を戦略的に取り入れるこ
とでいつも先回りしようとするかわりに，文化の批判は手
を休め，日常的な政治的知性が回避せざるをえない一連の
問いにこだわることができる。かつてジンメルは，「精神
的生の価値づけと最も普遍的な連関」に属し「今日に至る
まで我々が厳密に正解することも断念することもできな
い」[36]問いについて語っていた。それらの問いとは具体的

――――――――――
　35)　アラン・フィンケルクロートはそのように恐怖の直接的
な印象のもとでこの二者択一を定式化している（Alain Finkelkraut,
Dieser Feind bestimmt uns. Wir sind Soldaten der Zivilisation, in:
Frankfurter Allgemeine Zeitung, 27. September 2001.）。フィンケルク
ロートは西洋の近世的伝統に依拠している。それは信仰をめぐる市民
戦争の経験に直面して宗教と文化を和解の不可能なものとしてトリ
ヴィアル化し，政治的主権によって措定された秩序のもとに服させる
ものである。
　36)　Simmel, Philosophie des Geldes, a.a.O., S. 9.〔ジンメル『貨
幣の哲学』上，12頁〕――もちろんここで問題となっているのは「永
遠の問い」の実体主義ではない。むしろそれは，その時々に解答が相
互に入れ替わるなかで，情報への要求が持つどのような慣性力がそれ
を妥当させているのか，という問題を主題化するという方法論的嗜好

に言えば次のようなものである。わたしたちはどこから来るのか。何がわたしたちにとって関わりがあるのか。それをわたしたちはどうしたのか。それは実際にかつて望まれたものだったのか。いかにしてわたしたちは，わたしたちであると認められる者となったのか。わたしたちは何を獲得し，何を失うのか。わたしたちと世界から何をつくり，何をつくることができるのか。それらは結局のところ，問うことの身振りをそれとして反省するなら，「純粋な明証性の把握」が拒否されているということが徹底的に見通されてしまった後で，人間には何が残されているのだろうか，という問いに帰着するのであるが。

　ひとつにはこのような諸々の問いを立てることであり，他方でまた，それらに耳を傾けることもありうる。現代では，文化の状況が多くの場所で批判的なものとして描かれる。そのことはたしかに事柄としての原因を持つが，その他にもそのモチベーションとして，文化の様々な担い手の間で結びつきが失われているように見えるということがある。社会，哲学，科学，メディア，政治の間で情報交換を行い，党派的でない評価を行うことを難しくする裂け目が生じている[37]。したがって批判に関して，どのようなテーマが差し迫ったものであり，どれほどのアクチュアリティを持つか，それらを判断するのにどのような基準を設けるべきか，といった信頼のおける議論の場こそ，必要であるのかもしれない。言い換えれば，文化の批判こそ必要な

なのである（Hans Blumenberg, *Aspekte der Epochenschwelle: Cusaner und Nolaner*, Frankfurt am Main 1976, S. 17 参照〔ブルーメンベルク『近代の正統性 III　時代転換の局面』村井則夫訳，法政大学出版局，2002 年，17 頁〕）。

　　37)　Michel Serres, Unsere Freiheit hängt von der wahren Information ab. Warum wir den Dialog zwischen der Philosophie und den Naturwissenschaften vorantreiben müssen, in: *Frankfurter Allgemeine Zeitung*, 19. Oktober 2000 参照。

だろうということである。そのような議論の場であれば当然ある一定の譲歩は前提とされることだろう。そこでは，単一文化としてのひとつの特殊な世界モデルがすべてに対して命令を下すのではない。むしろ，人間自身が——もういちどカントを援用すれば——「自己自身から自由に行為する存在者として」つくるものを実現することには，様々な可能性があるということを前提しなければならない。

　たしかに文化批判とは，それがみずからの領分を超えるような許容しがたい普遍化に心を奪われるなら，憂慮すべきものである。しかし「悪い」文化批判がすべてではない。そもそも現在を理解するためには，悪趣味なことや，ルサンチマンに由来する自己の根拠づけが役に立つはずもない。文化批判からある新しいパラダイムを切望するとか，それどころかそれ自身をそのものとして考察するというのも，同様に見当はずれなことであろう。「良い」文化批判は，覇権的な概念が挫折し，主導的な考えや文化が色あせるところから出てきたものであり，純粋なロゴス，厳密な方法，ひとつの歴史といった普遍的テーマの退場を背景としている。それゆえ現代においてあるべき良き文化批判とは，変化した世界における反省のプロセスを研究し，それ自身で促進することに制限されるだろう。そこに文化批判の課題とチャンスは存している。

第2節　文化的事実の理論について

「制作・作品」としての文化的事実

　前節の考察は次のようなテーゼに基づいていた。すなわち，文化批判とは——時代遅れというのではまったくなく——近代に特有の現象であり，そのものとして拒否することができるものではない，というテーゼである。その際には古代の文化批判の要求と近代の文化批判の要求との間で区別がなされた。例えばシノペのディオゲネスが巧みに発展させたような「誇張とスキャンダルのホメオパシー」[38]によって，古代の文化批判はある種の距離を確保する。その距離には，世俗の営みに埋没している人々よりも物事を良く見ることができるという利点が認められていたのである。こうした枠組みの条件は啓蒙主義の時代に変化した。そのとき文化批判の実践は新たな性格を獲得したのである。キュニコス派による意図的な規則侵犯も含めて，古代における批判の形式は，暗黙に前提された秩序全体を指し示しており，そうした秩序の名において弊害や間違った展開をやり玉にあげ，辛辣な批評を加えたりパロディー化したりしていた。それに対し，原状回復を保証するものは近代の始まりに消失する。かつての文化批判であれば，失われた太古を形而上学的に確証する諸々の体系に頼ることで抵抗を行うことができた。とにかくそれらの体系がいまでは，懐疑，嫌疑，批判という制限のない新たな権威にさらされているのである。

　こうした推移に伴って，それまで目的に対する道具や手

---

38)　Vladimir Jankélévitch, Zynismus und ironischer Konformismus, in: *Sinn und Form 51*, 1999, S. 881-902, ここに関しては S. 887。

段であった批判から，ひとつの制度が成立した。ひとつの
時代全体がこの概念によって護られていた。それは『純粋
理性批判』初版におけるカントの定式を持って，「批判の
時代」[39]とすら定義されたわけである。批判は自立的とな
り，独立して公共的なものとなった。しかしそれは哲学的
には自己自身の反省審級として位置づけられていた。その
ようにカント以来，「批判の批判」なるものへの要求が増
加していく。こうした独立化のコンテクストにおいて，近
代における哲学的文化批判もまた見られなければならな
い。それは自己自身に対する批判を，みずからの前提と世
界との関係に対する批判を引き受ける。そのような思考は
とくに，歴史的に変遷し多様な形態を持つ発生プロセスに
関わる領域——他者を屈服させるための身振りやジェス
チャー，同意を強制するエビデンス・誓約・警告，抵抗す
ることのできない儀礼や儀式，そして何と言っても，共同
で時代精神を構成し，それなしにはその精神も存在しない
ような，帰属性に対するかの憧憬を刺激する情念定型——
に対して有効に展開される。

　本節のテーマは，文化哲学的反省と批判の対象について
の問いである。つまりそれは，カントの言うところに従
えば，「それがなければあらゆる学問の境界が入り混じっ
てしまう」[40]がゆえに必要となる対象である。カントのこ
の示唆に従うなら，次のようなテーゼが生じる。それと

---

39)　「我々の時代は，すべてがそこに服さなければならない批判
の本来的な時代である」(Immanuel Kant, Kritik der reinen Vernunft [1.
Aufl. 1781], in: *Akademie-Ausgabe*, a.a.O., Bd. 4, S. 1-252, ここに関し
てはS. 9〔カント『純粋理性批判』上，石川文康訳，筑摩書房，2014
年，8頁〕)。

40)　Kant, Prolegomena zu einer jeden künftigen Metaphysik, die
als Wissenschaft wird auftreten können, in: *Akademie-Ausgabe*, a.a.O., Bd.
4, S. 253-384〔『プロレゴーメナ』有福孝岳・久呉高之訳，〈カント全
集6〉岩波書店，2006年〕，ここに関してはS. 265〔201頁〕。

いうのは，文化哲学の対象，すなわち「文化的事実」（fait culturel）とは，「制作・作品」（Werk）として把握されるべきである，というものである。その際に前提されているのは，制作・作品という概念がある問いに応答するものである，ということである。その問いとは，原理的で，かつその意味で純正に哲学的な問題，すなわち知覚の基礎的な形式がいかに成立するのか，つまりそれ自体としては形態を欠いており構造がなく秩序を欠いた現実から，同一性を持つ知覚の標本のようなものがいかにして生じるのか，つまるところ知の形式がいかにして生じるのか，という問いなのである。要するにここで注目されるのは，「そもそもいかにしてある特定の感性的な個別内容がある普遍的な精神的「意味」（Bedeutung）の担い手となされうるのか」[41]という問いなのである。

　制作・作品の概念は意味についての問いに答える。ちなみにこの点もまた歴史哲学の退場を指示するものである。歴史哲学のように，歴史の全体に仮定された作用連関なるものを信頼するのではなく，文化哲学は人間の様々な現実的現象を構成するものに向き合う。その際には文化もまた，かつてであれば歴史がそうであったように，関係者の背後において行為の副作用として浸透している広範な「無意識的」プロセスの世界を意味することになる。しかしここには決定的な区別がある。すなわち文化とは現象全体の基体として適格であるのではないし，それどころか弁神論の要求を満足させるものではない。文化とは事物の可視的な側面に対して形而上学的に制裁を下すものでなければ，いかなる起源でも，絶対者でも，総体性でもない。文化的諸対象の真理とは，考察者から独立した所与ではなく，自

---

41)　Cassirer, Philosophie der symbolischen Formen, Bd. 1, a.a.O., S. 25〔カッシーラー『シンボル形式の哲学（1）』57 頁〕.

我と世界との間の不断の対決の結果なのである。実践的な
やり取りの基礎となるこのプロセスの形式に，文化的領域
のあり方は基づいている。だとすればその取り扱いが難し
いと思われているのも，もっともだろう。こうして本書冒
頭で述べたように，文化とはそれが現象するところには決
して取り尽くされることがない。いかなるときも個別資料
にあたるよう心得ている諸々の文化学が承知しているよう
に，文化とは結局それ以外の何ものでもない。

「制作・作品」をめぐるジンメルの態度

　20 世紀前半には文化哲学の名のもとに様々な創造活動
が行われた。それらを結びつけているものが何かあるとす
るなら，それはすなわち人間世界の現実へとあえて哲学的
な注意を集中して向けてみようとする準備が整ったという
状況である。現代文化哲学のスタートに特徴的なのは，次
のような洞察である。「文化的事実」とは，観念論的伝統
がまだ期待していたように，ア・プリオリな諸概念によっ
て思考され，汲み尽くされうるものではない。「文化的事
実」は哲学的認識の諸条件を新たに定義する。要求されて
いるのは世界を包含する思考，すなわちノルベルト・エリ
アスが適切に述べているように，その「場を空間と時間
に」[42] 持つような哲学である。この方向性はすでにヴィー
コによって先駆的に構想されていた哲学的思考が持つもの
であるが，制作・作品という概念の強調はそれと一致す
る。この新たな態度決定を特徴づけているのは，対象的世
界とそれが意味しているものの現前へと大きく手を伸ばす
ことである。ここで注意しなければならないのは，手始め

　　42）　Nobert Elias, Die Symboltheorie, in: *Gesammelte Werke*, hg. V.
Reinhard Blomert u.a., Bd. 13, Frankfurt/M. 2001, S. 170〔エリアス『シ
ンボルの理論』大平章訳，法政大学出版局，2017 年，222 頁〕.

にジンメルが，それからカッシーラーが制作・作品概念を
受け入れ，文化哲学のために彫琢したときに備えていた入
念さである。1911 年の「文化の概念と文化の悲劇」論文
においてすでに，ジンメルは文化的客観を制作・作品と規
定している。この規定はもちろん否定的な価値のアクセン
トを持つ。というのも彼は，文化という基盤における文明
化の出来事の過程には，亀裂が生じたという中心的テーゼ
に従っているからである。その亀裂の克服不可能性が，和
解を約束する哲学の嘘を罰する。文化を客観化し，同時に
それを主観に対して疎外しているのは，ジンメルが言うよ
うに，「精神的に形成された事物の超主観的論理」[43] の作用
である。したがってただその法則にのみ拘束され，接合さ
れた存在の秩序組織などというものは，文化的諸対象に固
有の余地を残さず，その結果——ジンメルが言うところ
の「文化的同化」(kulturelle Assimilation) として——それ
らに対する理解が完全に欠落してしまうか，あるいはそれ
に関しては専門家の仕事に委ねられなければならないとい
うことになる。このことはまさに，同様にジンメルによれ
ば，近代における分裂の悲劇が引き続いていることを示す
ものにほかならない。

　ジンメルはみずからの診断を決定的な時代診断として理
解されたがっており，それを信じて疑うことがない。個別
的にはジンメルの診断は説得力のあるものであったし，そ
れをそつなく強調することができたわけであるが，生の哲
学者である彼は制作・作品における精神の完全な自己客観
化を「危機」として解釈する。ところが客観化の諸条件の
もとで文化の「内容」と「目的」とを総合しようとするあ
らゆる試みと，したがって諸々の制作・作品をこの語の完

---

43) Simmel, Begriff und Tragödie der Kultur, a.a.O., S. 221〔ジン
メル「文化の概念と文化の悲劇」284 頁〕.

全な意味で理解するという試みは挫折せざるをえない。そ
のことには揺らぐことのない首尾一貫性さえあるのだ，と
いうのは現代において脱構築を主張する〔デリダのよう
な〕者が確固たるものとする見方である。それこそ，ジン
メルのときおり激烈なまでの状況記述が後の時代に見出す
到達点なのである。

　〔カッシーラーの〕批判的文化哲学には，ある別のアク
セントがある。すでに見たように，それは逸脱として構想
されている。それはとりわけ歴史哲学からの逸脱である
が，生の哲学からの逸脱でもある。たしかにそこでも，哲
学的思考たるものは近代の諸条件のもとで新たに構想さ
れ，変化した状況に——とりわけ知の変化した状況に——
位置づけられなければならない，と確信されていた。それ
によって批判的文化哲学は，これらのふたつの立場とさし
あたり結びついていたと言える。けれどもそれは，災厄を
形而上学的に容認しようとするあらゆる試みと，したがっ
て近代的弁神論の歴史哲学的要求に抵抗する（そこにわた
しは第一次世界大戦の警告機能を頭に思い浮かべる）。ヘー
ゲルがなお躊躇していた帰結によって文化哲学は哲学的
思考のポスト形而上学的な形態として，世俗化された形
態として理解される。ジンメルの生の哲学がどれほど特
異なものであっても，文化哲学もまた，ヘーゲル的に言
えば，はじめから非同一性の哲学なのであり，非同一哲
学（Nichtidentitätsphilosophie）なのである。それは弁神論
の名における体系的な無害化という歴史哲学の戦略に抵抗
し，同様に他方で，生の哲学のように警告を与えることの
興奮にも抗う。

　ここで哲学的な意味で決定的なのは，それが確立される
時期においてすでに，文化哲学が概念領域の体系構築全体
を実際に新たにまとめなおしているということである。歴
史哲学は客観的精神とその制作・作品の側を厚遇する。そ

の他のものとしての個人は，自分自身によって「すでに確
固たるものとして仕上げられている世界を我がものとしな
ければならない」[44]のだというヘーゲルの言い逃れ的な説
明に満足するしかなかった。それと相補うように，生の哲
学は「主観」と，徐々に主観の手を離れ，それに対立する
ようになる「制作・作品」というふたつの極に体系的に制
限されていた。すべての差異，それどころか対立を越え
て，これらのふたつの考え方は，デカルト以来決まりごと
になった主観と客観が繰り広げる演劇の二元性を固守しよ
うとする点で，基本的に一致しているのである。

「制作・作品」が開示する意味連関

　まさしくこのモデルに対抗するものこそ，カッシーラー
が 1920 年代から 40 年代までに発展させた文化の哲学で
ある。彼の文化哲学は第 2 の主体という補足的な社会的
要素を導入する。「汝」であるところのこの第 2 の主体は，
その人間的な対向者である「我」にも，我自身と同じよう
に「制作・作品」にも関係している。こうした相互的な接
続関係によって，制作・作品の新しい社会的な意義がほの
めかされている。生の哲学によって過小評価された諸対象
の対立的なあり方はけっして放棄されない。でなければ，
非同一性と意味分析の不可欠さを強調することは完全に余
計なものであるだろう。けれども制作・作品が，硬化した
不動のものとして，よそよそしく到達できないものの具現
化として現れることもない。制作・作品は距離を保ちなが
ら同時に結びつきを打ち立てる。それはカッシーラーが
言っているように「通過点」であり「橋」なのである。

---

　　44)　Hegel, Vorlesungen über die Philosophie der Geschichte, a.a.O.,
S. 99〔ヘーゲル『歴史哲学講義』上，129 頁〕．この箇所では次のよ
うに言われている。「精神は自体的にあるものを自身の行為と作品に
する」。

　橋という隠喩の使用は続く議論の論調を定める。文化哲学は，諸々の制作・作品が個人と時代による生産的成果——すなわちその妥当性がまた他者と他の時代に受け入れられたり失われたり，認証されたり拒絶されたりするような諸々の成果——をどれほど示すかという点で，制作・作品のランクを判定する。それでも我-汝-制作・作品という基礎モデルの 3 要素はいつでも同じ仕方で構成原理となっているので，これらの要素のどれかひとつを低く見積もることははじめから避けられている。カッシーラーによれば，それらはそれぞれ独立して出来上がった所与ではなく，それらが互いに組み合わさって文化形式が形成されるというわけでもない。むしろ明らかに事態は逆なのであって，「それらの形式において，それらの形式の力によって，「我」の世界と「汝」の世界というふたつの領域ははじめて構成される」[45]のである。それゆえすべての文化現象は意味の創出も含めて不可避的に相関的である。そのため意味とは何かある制作・作品が端的に持っているようなもの，つまり確かな手段で探し出され，「取り出され」うるようなものではない。意味とはむしろ潜在的なものである。常に偶然的である諸々の意味連関は制作・作品において，いつもただ暫定的ではあるがそれでも一定の持続性を獲得する。その点でわたしは「有意味性」（Bedeutsamkeit）という言葉の方が好ましいと思う。それは可能性というステータス，および事実性と妥当性の差異を，すでに言語形式の選択において表現している。

　橋という隠喩は，消え去ることのない距離のもとでの結合を示すイメージであるが，我の自発性と汝の受容性の間にある制作・作品の二重のあり方を表現するものである。

　　45）　Cassirer, Zur Logik der Kulturwissenschaften, a.a.O., S. 407 f.〔カッシーラー『人文学の論理——五つの論考』79 頁〕

デカルト的伝統においては，主体と客体が相互に無媒介に
対立しているので，認識主観はある種の世界を超えた観察
者として「暗室」(camera obscura) の覗き穴から世界を見
つめている[46]。そのような伝統によって形成された図式は，
わたしたちの日常的なイメージの世界に深く根付いている
ものの，文化哲学的な見方においては完全に後退してい
く。橋の隠喩が明確に表現するのは，それ自体で存在して
いることを前提してそこから苦労して結びつきを受け入れ
ようとするような孤立した単独者の関係ではなく，文化的
なものそのものが基礎として持つ交互作用なのである。そ
こでは諸々の主体は相互に関係づけられている。カッシー
ラーが例として挙げるのは対話であるが，そこでは「意
味という「共通世界」」がそれ自体として構築される[47]。関
係に基づくこの領域に，制作・作品はみずからの場を持
つ。わたしたちのもとにある制作・作品は一方で，みずか
らの可能性を充実させるために形態を与えようとする人間
精神の表現として現れる。そこには何か結びつけるものが

---

46)　René Descartes, La Dioptrique (1637), in: Gertrud Leisegang,
Descartes' Dioptrik, Meisenheim/Glan 1954, S. 69-165〔「屈折光学」青
木靖三・水野和久訳，〈デカルト著作集 1〉，白水社，2001 年，111-
222 頁〕，ここでは S. 90 f.〔138 頁以下〕参照。これはもちろんデ
カルトひとりの問題であったわけではない。彼は回顧的にパラダイ
ムと呼ばれるに値するものを申し立てたのである。Jonathan Crary,
Techniken des Betrachters. Sehen und Moderne im 19. Jahrhundert (1990),
Dresden 1996, S. 56 ff.〔ジョナサン・クレーリー『観察者の系譜――
視覚空間の変容とモダニティ』遠藤知巳訳，以文社，2005 年，49 頁
以下〕参照。

47)　Cassirer, Zur Logik der Kulturwissenschaften, a.a.O., S. 410
f.〔カッシーラー『人文学の論理』84 頁〕。クルト・レッティガース
は，後続する理論的発展に対する持続的な影響を認めることができな
いとしても，カッシーラーがこの箇所でどれほどポスト・カント的社
会哲学に近づいているかを示している（Kurt Röttgers, *Kategorien der
Sozialphilosophie*, Magdeburg 2002, S. 64 ff.）。

ある。しかし同時に制作・作品はそのものとしてわたした
ちに立ち向かってくる。だからそれに即して見れば，わた
したちの経験は他者の経験として認められなければならな
いのである。制作・作品として理解されることで，文化的
対象はみずからの有意味性を妥当なものとする。それが対
象の相対的な持続を基礎づけ，「次から次へと変わりゆく
物理的・心理的な出来事の混乱」[48]から逃れることを可能
としている。文化的存在である人間は，この課題を最終的
に清算し，そこから解放されることはないだろうが，それ
でも最低限うまく処理することはできるに違いないとカッ
シーラーは確信していたようである。いずれにしても「汝
を，制作・作品の命法の下に置け」[49]というのが彼の文化
哲学的格率であった。

カッシーラーによる折線の例

　こうした態度変更が理論史上に持つ影響を過大評価する
ことはできない。カッシーラーはヘーゲル的な概念主義の
自己満足を放棄し，そのかわりに哲学的な意味理論と，そ
れに関連して，要求が少なくはない表現理論に場所を与え
ようとする。新しい批判的態度を導入するにしても，その
仕方はふさわしい地味さを放っている（この著者に何か別
のものを期待すべきではない）。カッシーラーはある思考実
験を行う。さしあたり「特定の可視的な性質によって」目
にとまるような折線を再構成する，という単純な視覚構造

---

48) Cassirer, Zur Metaphysik der symbolischen Formen, a.a.O., S.
187〔カッシーラー『象徴形式の形而上学——エルンスト・カッシー
ラー遺稿集 第一巻』笠原賢介・森淑仁訳，法政大学出版局，2010年，
280頁〕.

49) Ebenda, S.190〔『象徴形式の形而上学』287頁〕. カッシー
ラーはゲーテのソクラテス解釈に依拠している。それについては
Oswald Schwemmer, Der Werkbegriff in der Metaphysik der symbosichen
Formen, in: *Internationale Zeitschrift für Philosophie 2*, 1992, S. 226-49.

の話である。折線を描く際に引き起こされる注意は，実際
には一瞬のうちに遂行されるものであり，ただ分析という
目的に即してのみ人工的に引き伸ばされるものだが，それ
を言語によってひとつひとつ記録することは，有意味性が
現実となる際の構成的な諸局面を示すことになるのであ
る。

　はじめに諸々の線の全体へと注意が向けられる。輪郭に
気づき，それが背景から少しだけ浮き上がってくるような
この瞬間が，観察者とその対象との出会いのはじまりを特
徴づけている。それは強度をだんだんと増してくる。カッ
シーラー曰く，次の段階では折線は「いわば全体として内
側から活気づけられ」[50]はじめ，空間的な図像から美学的
な図像となる。それが視空間にある諸対象を互いに切り離
し，その周囲から孤立させることで，眼は方位に関わる人
工的な目印の幾何を生じさせる。それが視野を構成し，観
察者は対象を諸事物の秩序の部分として理解することがで
きるようになる。ヴェルフリンのうまいメタファーを借り
れば，線はその「メロディーを持つ声」[51]をあげるのであ
る。それによって解釈されたものそれ自体が解釈すること
として，つまり「形式」として生起する。カッシーラーに
とってそれは，精神的行為の痕跡である。観察者は見られ
たものを文化的形態化として捉え，印象（Eindruck）を表
現（Ausdruck）へとつくり変える[52]。その人はそれを，「あ
たかも」それが発言を行う「かのように」，「あたかも」そ
れがひとつの証言ないしドキュメントである「かのよう
に」見なす。この「つくり変え」と同一化の過程におい

　　50)　Cassirer, Zur Logik des Symbolbegriffs, a.a.O., S. 120.

　　51)　Heinrich Wölfflin, *Albrecht Dürer. Handzeichnungen*, 12. Aufl.,
Berlin 1942, S. 3.

　　52)　Cassirer, Philosophie der symbolischen Formen, Bd. 1, a.a.O.,
S. 12〔カッシーラー『シンボル形式の哲学（1）』33 頁〕.

て，例えば線はある特定の装飾として現れる。つまり観察
者はそれを観察することに身を委ねるわけだが，それを制
作・作品の一端として理解したり，芸術的な表現や，ある
いはある特定の時期の様式的な要素として理解したりする
こともできる。はじめは単なる直線として現象するはずの
ものも，意図せずに「神話宗教的な意味の担い手として，
魔術的儀礼的記号として」露呈したり，あるいは逆に，
「純粋に論理概念的な構造連関の実例」として現れたりす
ることもある。あるいはカッシーラーが示唆しているよう
に，それは「周期的振動の」[53]法則を感覚的・可視的に図
示するものとして受け取られもするのである。

カッシーラーの哲学的細密画と有意味性

　わずかな文章で展開されたこのスケッチは，いわゆる哲
学者であれば「統覚」や「知的直観」といった概念で把握
するものを対象としている。重要なのはそれが，この場
合，ふたつの主題的な次元を統合している，ということで
ある。一方で，文化的対象の現実化を記録すること，言っ
てみれば細密画法による精神現象学（eine Phänomenologie

---

53)　Cassirer, Zur Logik des Symbolbegriffs, a.a.O., S. 121. 線の
比喩はカッシーラーによって似たような仕方でいろいろなところで
挙げられているが，引用された箇所はその最終的なバージョンを
繰り返している。Das Symbolproblem und seine Stellung im System
der Philosophie, in: *Gesammelte Werke*, a.a.O., Bd. 17, S. 253-82〔カッ
シーラー「1　哲学の体系におけるシンボルの問題とその位置づけ
（一九二七）」『シンボル・技術・言語』篠木芳夫・高野敏行訳，法
政大学出版局，1999年，19-68頁〕，ここでは S. 256 ff.〔26頁以下〕
と，Philosophie der symbolischen Formen, Bd. 3, in: *Gesammelte Werke*,
a.a.O., Bd. 13, S. 228 ff.〔カッシーラー『シンボル形式の哲学 (3)
第三巻（上）認識の現象学』木田元・村岡晋一訳，岩波文庫，1994
年，391頁以下〕．残念ながらカッシーラーへの言及はないがこの問
題について論じているのが，Anton Fürlinger, Wie real ist die Linie?, in:
Zeichen und Realität, hg. v. Klaus Oehler, Tübingen 1983, S. 753-63。

des Geistes *en miniature*）がここでは目指されている。他
方で 1938 年のこの叙述は，文化史を扱うための着手点と
なる資料に対する視座を与えてくれる。読者は大プリニウ
スによって伝えられている古代の芸術家の挿話を思い出す
ような気分になる。それは，画家プロトゲネスが同じほど
の腕前のアペレスと意思疎通を行ったのはただ描かれた線
の精巧さを介してのみであったという話である。この挿話
はすでにまったくカッシーラー的な意味で，芸術的な表現
手段の自律性と局所的な参照関係の重要性を際立てるもの
である[54]。しかしカッシーラーによるこの記述は限界確定
と方向設定というふたつの「直線的な」基礎規定を同時に
逆撫でしているのであり，そのうえ視線誘導的機能と装飾
的機能とを区別するものである。それどころか，最終的に
それは「純粋な」線という限界概念によって，同時代の芸
術家であるカンディンスキーを連想させる（そういうこと
はカッシーラーにおいては稀である）。作品の純粋さがすべ
てではない。その純粋さが批判的かつ厳密に遂行される世
界知覚の終わりを形成するのである。ここで現象学者カッ
シーラーは，セザンヌからカンディンスキーとクレーに至
るまでの現代芸術の確信に合流する。

　カッシーラーの哲学的細密画はそれゆえ教養のために保
管されたコレクション以上のものである。それは，18 世
紀以来「有意味性」[55]と呼ばれているものを現実化するこ

---

[54]　大プリニウスから伝承されたこの挿話にはアルベルティと
ホガースを経てアポリネールへと至る広大な受容史がある。アポリ
ネールは古代の巨匠の描く線を大胆にも「純粋絵画」の先行形態と説
明する。彼はアペレスの挿話を「扱われた主題から独立した美学的快
楽」の原風景と解読する（H. van de Waal, The linea summae trinitatis
of Appesl; Pliny's Phrase and ist Interpreters, in: *Zeitschrift für Ästhetik
und Allgemeine Kunstwissenschaft* 12, 1967, S. 5-32.）。

[55]　Cassirer, Das Symbolproblem, in: *Gesammelte Werke*,
a.a.O., Bd. 17, S. 257〔カッシーラー『シンボル・技術・言語』27

とについての理論でもある。概念史を再構成すれば明らか
なように，この表現は20世紀全体にわたり危機という概
念として存在していた。危機概念が成立することができた
のは，統一性を与える意味の自明性が世界から失われ，そ
れによって世界の諸部分の意味が統一から解き放たれたと
きであった。全体的な意味の未決定さはその後には歴史，
生，文化の全体にもまた認められなければならなかった。
カッシーラーは方法論的な転換を遂行することで，いまや
この意味論的領域へとアプローチする。意味を諸対象の秘
匿された最高の質として——解釈学的に——追い求めるの
ではなく，諸々の意味の由来と構造を——機能主義的に
——探求する。〔本質ではなく〕その生起がまさしく記述
されるべきなのである。ひとつの意味から，互いに関係づ
けられ，あるいは切り離されながら，排除し合うことすら
あるような多数の有意味性へと転換すること，一言でいう
と意味の生へと方向を転換すること——それはひとつの徴
候をはっきり示すものであった。結果としてカッシーラー
は，自身の文化哲学的プロジェクトを具体化しつつ，歴史
的意味探究のための，つまり「哲学的精神の現象学」[56]の
ための基礎を築くことになる。

頁。邦訳では「含蓄」とされている〕．この概念の歴史について
は Gunter Scholtz, Bedeutsamkeit. Zur Entstehungsgeschichte eines
Grundbegriffs der hermeneutischen Philosophie, in: ders., *Zwischen
Wissenschaftsanspruch und Orientierungsbedürfnis. Zu Grundlage und
Wandel der Geisteswissenschaften*, Frankfurt/M. 1991, S. 254-68.

56)　カッシーラー自身がこの定式を提示している（Ernst
Cassirer, Die Philosophie der Aufklärung, in: *Gesammelte Werke*, a.a.O.,
Bd. 15, S. X〔カッシーラー『啓蒙主義の哲学』上，中野好之訳，ちく
ま学芸文庫，2003年，11頁〕）。ヘーゲルへの示唆が狙われているが
批判的な距離の印でもある（Ebenda, S. XI f.〔14頁以下〕参照）。『人
間』で「人間文化の現象学」について語られるときには，ヘーゲルの
残響は最終的に消し去られている（Cassirer, An Essay on Man, ebenda,
Bd. 23, S. 58〔カッシーラー『人間』118頁〕）。

　有意味性の概念がこの枠組みにおいて与えられる体系的
な位置づけは，いかにして規定が出現するのかという問い
によって特徴づけられる。もっとラディカルに言えばそれ
は，形態を欠くものや無差別的なものの世界からあるもの
が出現するとき，「普遍的精神的「意味」の担い手」とな
るべくそれが形態を受け入れ，集合的な配慮や注意の対象
となるとき，何が生じているのか，という問いである[57]。
この問いは言語的諸対象と物質的諸対象に，つまり言葉と
物とに同時に関わっている。新カント派の場合ならそこで
認識の可能性の条件を優先的に問題とするところだろう。
しかしカッシーラーがもはやそのように考えることはな
い。信頼性を担保したうえで認識をまずもって扱うとする
ならば，具体的な対象へと到達する前に話は終わってしま
うことだろう。同様に，折線のどのような把握がいったい
真の把握であろうか，美学的な，神話的な，あるいは生理
学的な把握だろうか，などと熱のこもった議論を行い，決
断を求めることも当然のことながら問題にならない。対象
を哲学的に翻訳する，それが意味することとは，カッシー
ラーによれば，対象に認められる有意味性の諸段階をその
多様なバリエーションにおいて開示することであり，歴史
哲学に頼ることなく，いまやその叙述によってそれ自身と
それが与えられているということから獲得された現実性を
純粋に提示することなのである。
　カッシーラーの対象概念には特有のニュアンスがある。
線の比喩はさしあたり対象（Gegenstand）が持つ，対抗し
て立てる（Gegen-Stellung）というモチーフを引き受けて
いる。それはとくに「延長するもの」（res extensa）とい
うデカルト的解釈連関に由来する。しかしそれに加えて

　57）　Cassirer, Philosophie der symbolischen Formen, Bd. 1, a.a.O.,
S. 25〔カッシーラー『シンボル形式の哲学（1）』57 頁〕.

カッシーラーの分析が新たに光を当てるのは，客体世界に
備わった特殊な対象性である。それは，諸対象それ自体に
属しているとか，何らかの主観性による付け加えが何もな
いと実用的に見なされる性質規定ではない。むしろここで
現れるのは，観察者と対象との間の相関性をいつもすでに
付随させているような知覚の形式である。こうして対象
の「理論的規定」に並んで，文化哲学的に決定的なものと
して，「実践的規定」が出現する[58]。対象に意味があると言
われるのはただ，それが文化的諸前提の地平においてどの
ように観察者の目に留まるか，という基準においてのみで
ある。すなわちそれが美学的図像であったり，幾何学的模
様であったり，宗教的な印であったりといったことが，対
象が有意味であるということの言わんとすることである。
「魂の動きと刺激の叙述」として典型的に理解されるよう
に，文化的対象すなわち「文化的事実」は概して「隠喩的
に」[59]構成される。対象は表現である。対象が明かすのは
ただ，いまここで観察者によって投入されており，投入せ
ざるをえないものだけである。しかしまさにそのおかげ
で，先の例をもう一度引き合いに出すなら，折線に気づく
ことがそもそものところで可能となる。カッシーラー自身

---

58)　Kant, Kritik der Urteilskraft, a.a.O., S. 353 (§59)〔カント『判
断力批判』上，260-61 頁〕.

59)　Ernst Cassirer, Sprache und Mythos. Ein Beitrag zum Problem
der Götternamen, in: *Gesammelte Werke*, a.a.O., Bd. 16, S. 227-331〔カッ
シーラー『言語と神話』岡三郎・岡富美子訳，国文社，1972 年〕，
ここでは S. 303〔117 頁。邦訳では「比喩」とされている。言語表
現と神話的イメージの共通源泉としての「根元的比喩」(radikale
Metapher) が問題となっている〕. カッシーラーにおける「隠喩の
原理主義」については Birgit Recki, Der praktische Sinn der Metapher.
Eine systematische Überlegung im Blick auf Ernst Cassirer, in: *Die Kunst
des Überlebens. Nachdenken über Hans Blumenberg*, hg. v. Franz Josef
Wetz u. Hermann Timm, Frankfurt/M. 1999, S. 142-63。

が説明しているように，意識の法則性があるのだから，また
そのかぎりで，「対象性ないし客観的現実」のようなも
のも存在するのであって，逆ではない[60]。このイメージの
逆転によって，素朴な感覚主義のあらゆる懐疑は効果的に
破壊される。ベーコンの思想を継承する者たちの間で育て
られた「剥き出しの事実」（factum brutum）という観念な
どがまさにそれに違いないだろうが，そういったものがこ
こで放棄されるのである。もっとも，生のままの事実を叙
述するという試みがここで否定されているのではない。そ
れでも物理学者のピエール・デュエムを引き合いに出しな
がらカッシーラーが説明しているように，ほかでもなく
「数学的象徴を諸現象の総体と体系的に結びつける，概念
把握という知的労働」[61]がその叙述を行うのである。

---

60)　Ernst Cassirer, Determinismus und Indeterminismus in der
modernen Physik, in: *Gesammelte Werke*, a.a.O., Bd. 19, S. 159〔カッシー
ラー『現代物理における決定論と非決定論——因果問題についての
歴史的・体系的研究』山本義隆訳，改訳新版，みすず書房，2019 年，
158 頁〕。

61)　Cassirer, Substanzbegriff und Funktionsbegriff, a.a.O., S. 160
〔カッシーラー『実体概念と関数概念——認識批判の基本的諸問題の
研究』山本義隆訳，みすず書房，1979 年，166 頁〕。広い視野をもっ
た批判において，リシャルト・ヘニヒスヴァルトが 1912 年の段階で
すでに次のことを見抜いていたのは注目に値する。つまり彼によれ
ば，『実体概念と関数概念』の著者〔であるカッシーラー〕にとって
感性的に与えられたものは「出来上がった，もはや変化する可能性も
なく完結した，認識に対して端的に外的な事態を表現すること」を
やめたのである。「カッシーラーはむしろ，何らかの形式において知
覚に関係づけられた認識は結合のまったく特殊な原理によって支配
されているという方法的思想を表現するのだ」（Richard Hönigswald,
Substanzbegriff und Funktionsbegriff. Kritische Betrachtungen zu Ernst
Cassirers gleichnamigem Werk, in: *Deutsche Literaturzeitung 33*, 1912,
Sp. 2821-2902, ここに関しては Sp. 2838）。

絵画作品の例

　ここまで確認してきた諸関係の重要さについて，絵画の領域に見られるひとつの例を手がかりに吟味してみよう。ところで芸術を例として挙げるからと言って，文化概念を新聞のコラムか，あるいは「高等文化」の対象として恣意的に狭めているのではないか，と誤解しないように願いたい。近代の芸術作品は，それが何を含意しているのか，何を志向しているのか，生産過程はどのようなものであるかといった事柄を豊富に，観察者の目の前に広く開示してくれる。それゆえそれは制作・作品という現象の実況見分に適していると考えられる。それに対して，文化の内部であらかじめ生み出されているものは，その生活世界的環境の自明さに沈み込んでしまっている。そのため見た目に反して，芸術作品に依拠したほうが，きわめて容易なアプローチが可能となるのである。

　ということで，セザンヌを例にとろう。彼は近代芸術の多くの代表たちと同様，自身の芸術家としての立場に自覚的な意識を持ち，その仕事を理論的反省の確固たる基盤のうえにもたらそうとした。「実現」（理解・自覚，réalisation）という概念をこの意味で用いていたのはまずもってドラクロワであったが，セザンヌはみずからの理論的反省にそれを用いたのである。このコンセプトの広がりをわたしはここでは単に示唆することができるだけである[62]。実現するということはセザンヌにとってまず，注意を完全に自然印象の局所的知覚に引き戻すことを意味す

　　62）　この点について詳しくは Maurice Merleau-Ponty, Der Zweifel Cézannes, in: ders., *Sinn und Nicht-Sinn*, München 2000, S. 11-33 〔メルロ＝ポンティ「セザンヌの疑惑」『意味と無意味』滝浦静雄他訳，みすず書房，1983 年，9-35 頁〕；Kurt Badt, *Das Spätwerk Cézannes*, München 1956, S. 148-73; Gottfried Boehm, *Paul Cézanne, Montagne Sainte-Victoire*, Frankfurt/M. 1988, S. 54 ff.

る。それからまた，あらゆる付随的な表象や期待の光を綿
密に遮ることである。さらには，騒がしさや静けさ，暑さ
や寒さなどの充満した感覚を完全に視覚的価値へ，色彩と
配色へと翻訳することでもある。要するにそれは，純粋な
図像作品（Bildwerk）を可能とするために，世界を模倣し
複製せよという要求を断念することを意味する。セザンヌ
はこの可能性の観点を強調している。作品を制作するとい
うことは，まったく独自の事柄であり，いずれにしてもそ
れが関わらざるを得ない自然的なもののすべてとはラディ
カルに区別されているからである。マックス・リーバーマ
ンが言うように，「自然を図像へと形態化する」とき，作
品は色彩的・空間的構図に固有の論理，固有の法則に従っ
ている。それでも，それ自体としては声を持たない自然に
声を与えることを芸術家に許容しているのは，まさに作品
へとこのように迂回すること（Umweg über das Werk）に
ほかならない。その働きは自立性を，すなわち後にイデオ
ロギー批判の観点から疑問視される作品の「自律」を前提
している。作品は説明しない，ただあるのみである。

　ところで，潜在的な可能性という状態，「知られざる作
品」（opus incertus）という状態は多様なパースペクティ
ブを提供するだけではなく，挫折の危険もまた含意して
おり，それどころか挫折の規則すらそこには含まれてい
る。実際に「実現」は，その到達不可能性が以前から決ま
りきっているところの理想を完成させることへと向かう。
「実現」とその要求が持つ途方もないプレッシャーのもと
で作品を生み出すということは無限の課題となる。個々の
オブジェ，観察に供された図像は常にただ，ハンス・ベル
ティンクがバルザックの有名な小説を示唆しながら「知ら
れざる傑作」[63]と呼ぶものへと近づき続けるという，先の

---

63)　Hans Belting, *Das unsichtbare Meisterwerk. Die modernen*

見えない道のりがまだまだ続いていくのだということを記
しているだけである。物質的な作品は――いずれにしても
近代の諸条件のもとで通用するものであるのだが――とう
の昔に具体化の要求を免除されている絶対的超越的作品の
残影でしかない。個々のオブジェには沈黙のうちに矛盾が
現前しており，それが本書冒頭で文化一般について言われ
たもの――文化はそれが現れるところのものには解消され
ないが，だとしても結局のところそれ以外の何ものかであ
ることもない――を確証する。

潜在的・断片的なものとしての文化的事実

　それゆえ文化一般としての「文化的事実」に特徴的なの
は，それが断片としてのあり方をしているということであ
る。芸術家であり生産者としてのセザンヌが「完全な実
現」と呼ぶものと，観察者であり享受者であるわたしたち
が――いわば反対方向から，同時にわずかばかり同語反復
的に――完全な意味と呼びうるようなものとの関係におい
て，文化と文化制作は断片的である。「完全な意味」とは
いつまでも挑戦であり続けるものであり，理解しようと努
力することによって到達されるものではやはりない。わた
したちが開示しうるものは有意味性，すなわち潜在態とし
ての意味（Bedeutung als Potenz）であり，やはり完全な
意味という理想は決してありえない。このことのうちに基
づいているのは，わたしたち解釈するかぎりで，「文化的
事実」は常に何か新しいものの顕現となる，ということで

Mythen der Kunst, München 1998. わたしはここでは制作・作品概念の
歴史性を扱わない。それは同様にベルティンクが示しているように，
古代の芸術家の仕事はようやく1800年頃に「古典的傑作」として呼
ばれるようになったのであり，それがその後にも，セザンヌにおいて
もとくに，近代の「絶対的な傑作」にその妥当性の規範を与えている
のである。

ある。解釈は文化的事実の有意味性を浮き彫りにする。それによって対象には，潜在的にはいつもすでに存在していて，以前からそれに属していたものが付け加えられる。「文化的事実」の制作・作品としての性格は，それが常に暫定的であるという限界のなかで完成しており，それでも，同等の必然性を伴って，現実化を必要とするという逆説に根づいている。要するに，文化的事実において総体性と断片性とは一致するのである。文化の対象は——レヴィナスがタルムードから引いてきた直観的な比喩でもって言えば[64]——「灰」のようなものである。火とは異なり灰はみずからを焼かず，火をおこすためにはそれに息を吹きかけなければならない。この換喩的な舞台設定にあくまでこだわるなら，解釈とは，火をかき立てる息吹であり，その意味で文化が自己を刷新するプロセスにおける基礎的な操作なのである。

　ここで「可能性」のカテゴリーについて強調しておくことは得策である。それは文化の産出のみならずその受容や解釈を理解するための鍵である。文化哲学的解釈はみずからの対象となるものを諸々の可能性の地平に置いてみて，そこから出てきたものと見なす。この背景を設定することで，作品が事実としてあるということもいくつかの選択肢のひとつとして認識できるようになり，出来事として生起したものはその時代状況において，あたりまえのものではまったくないことが明らかとなる。対象の受胎〔Prägnanz（受胎，簡潔な対象化）についてはカッシーラー『象徴形式の哲学』第 3 巻第 2 部第 5 章「象徴の受胎」（Symbolische Prägnanz）を参照。知覚的体験がすでに感性的要素のみならず，非直観的な「意味」を含み織り込んでいること〕に

---

64)　Emmanuel Lévinas se souvient, in: *Les nouveaux cahiers 82*, 1985, S. 30-35，ここに関しては S. 32。

関するそのような分析はそれ相応に包括的になされなけれ
ばならない。それは作品の内的論理，アトリエの規則，手
の届かない理想の幻視的眩惑のみならず，実現にとって決
定的となるコンテクストとしての諸条件——社会の現場の
次元における出会い・連帯・拒否，芸術的文学的実践の次
元における常識・読書経験・嗜好，芸術批判・文化批判の
領域，それどころか生理的・心理的状態の痕跡（それが道
徳に影響力を持つことはディドロがすでに確信していた[65]）
——に対しても向けられる。制作の切迫性と受胎は，その
可能性の総体へと集約されるこれらの要素に負っているの
である。それらはそれゆえ作品と取り組むことに不可欠な
部分である。芸術家が自身の習慣的な見方を控えるよう
に，文化哲学的に解釈を行う者もその好みを控えなければ
ならない。それによって，作品がいったい何であったの
か，それをわたしたちのためにあるものとしたのは何で
あったのかを，その人は概念把握しようと試みるのであ
る。

　文化哲学の実践的次元

　制作・作品（Werk）とは，ヨーロッパ文化の言語の語
源学に即して言えば，かつてすでに作用したもの（ein je
schon Gewirktes）である。人間はそれをつくり出したので
あり，それを取り上げ，扱い，変更を加え，放置し，もう

　65）　Denis Diderot, Lettre sur les aveugles, in: ders., Œuvres
completes, hg. v. Jules Assézat u. Maurice Tourneux, Bd. 1, Paris 1875, S.
276-342〔ディドロ「盲人に関する手紙」平岡昇訳，〈ディドロ著作集
1〉法政大学出版局，1976年，45-98頁〕，ここに関してはS. 288〔56
頁〕。その他の点でわたしはブルデューのボードレール論を参照する
ように指示したい（Bourdieu, Kritik der scholastischen Vernunft, a.a.O.,
S. 107 ff.〔ブルデュー『パスカル的省察』141頁以下〕。ブルデューの
この本のそれ以外の部分はグロテスクなまでに単純化されたものであ
る）。

一度取り上げたりして，そうした営みを続ける。それは無数の声，助力，眼差しを集め通過させる点である。なのでそれを主観とは独立した剥き出しの事実として理解することはできない。かつてデュルケームは「社会的事実」（faits sociaux）を「もののように」見なさなければならないと述べたが，その態度に倣うことはできないのである。デュルケームの定式は社会学的認識の客観性を確保するはずのものであった。デカルト主義者の彼にとってそのことはただ，「社会的事実」が，ひとりひとりの生活を個人的な現れとは切り離し，超個人的合理性を基盤として建て直すよう指導するのだというのを示すだけにすぎなかった。「ほんとうに存在するのは，その諸々の個人的な現れとは独立したものである」[66]。それと比べて，「文化的事実」はほとんど正反対の企てのようなものである。この言い方において文化哲学の実践的次元が確証されている。つまり文化哲学は，人間による参与を無視するならもとより重要性が失われてしまうような現象として，諸々の制作・作品を取り扱うのである。

　制作・作品概念を文化哲学は復興させる。とはいえここ数十年間でそうした考え方に襲い掛かり，すでに常識化してしまっている諸々の敵対的態度を見るなら，それは人を驚かせる試みであるかもしれない。自律性を誤った仕方で標榜しているという理由から，制作・作品概念は無歴史的

66）　Émile Durkheim, *Les régles de la méthode sociologique*, 8. Aufl., Paris 1927, S. 19〔デュルケーム『社会学的方法の規準』菊谷和宏訳，講談社学術文庫，2018 年，33 頁〕；デュルケームの客観主義を批判し解体する試みについては Maurice Merleau-Ponty, Von Mauss zu Claude Lévi-Strauss, in: *Leibhaftige Vernunft. Spuren von Merleau-Pontys Denken*, hg. v. Alexandre Métraux u. Bernhard Waldenfels, München 1986, S. 13-28〔メルロ゠ポンティ「モースからクロード・レヴィ゠ストロースへ」『精選　シーニュ』廣瀬浩司編訳，ちくま学芸文庫，2020 年，208-37 頁〕。

だと言われた。さらに，悪い意味でロマン主義的な総体性
の要求に忠実であるという理由から，それは時代遅れであ
るとされた。主体としての作者という至高性をまことしや
かに見せかけているという理由で，それはイデオロギー的
であるとされた。これらの議論がどれほど熱心に申し立て
られたとしても，それらは総じて再考の余地を残している
ようにわたしには思われる。それらは本質的に歴史哲学的
前提——全体に行き渡る歴史的媒介が美学的自律の強調を
はじめから禁じているという仮定——に導かれているので
ある。存在を包括する歴史の形而上学に基づくこのような
主張は，すでにヘーゲルをして芸術の終わりに関する彼の
テーゼへと誘惑していったものであるが，今日ではまたも
や疑わしいものとなっている。制作・作品の概念に対する
抵抗そのものが制作的に構成されているかもしれない，と
いうことはわたしたちにとって以前から馴染みのあるもの
となっている。今日数え上げられるだろう作品とはただ
「もはや作品ではない」[67]ようなものだけである，とはすで
にアドルノが主張できたことである。

　これは制作・作品概念をアクチュアルなものにしようと
することに対する拒絶としてではなく，それに対する要求
として読まれるべきである。前衛的で反動的な作品であっ
ても，やはりひとつの作品である。制作・作品の文化哲学
的概念，すなわち文化制作（Kulturwerk）の概念はそのよ
うな先鋭化によってのみ獲得されうる。実際，制作・作品

　　67)　Theodor W. Adorno, Philosophie der neuen Musik (1948), in: *Gesammelte Schriften*, a.a.O., Bd. 12, S. 37〔アドルノ『新音楽の哲学』龍村あや子訳，平凡社，2007 年，50 頁〕。弁証法の使い手としてのアドルノは自身の批判を原状回復と理解している。同じ箇所で彼が要求するところでは，「制作・作品が，ときおり芸術作品によって現実化したものを越えてさえもいるとすれば，その理念と連関は哲学的に再構成されるべきである」（S. 34〔47 頁〕）。

の概念は反制作・反作品の概念を包括しているのである。
概念に固有の「止揚されざる葛藤」[68]は，作品が生み出さ
れた場所から観念的に切り離され始めるやいなや，それ固
有の客観性のあり方を獲得するやいなや，すぐさま現れ
る。制作者であっても，作品が自身の前に置かれてしまえ
ば，自分が生み出したものであるのに疎遠となり，せいぜ
いぼんやりと意識するイメージのなかでしか，「それが何
「である」か，何であろうと「望む」のか」[69]ということが
わからなくなってしまう。制作・作品におけるこの葛藤の
せいで，制作・作品のなかで形態化しているような，諸々
の表象世界や人間生活のための諸形式に対しては，理解と
いう仕方で関わるようにわたしたちは強いられている。た
しかに「文化的事実」を包括的に分析しようとするなら，
人間の制作・作品の「形成の歴史」についてのゼンパーの
指摘に従って，技術的制作の自立的効果が考慮されなけれ
ばならないだろうし，そのような叙述はまた文化的事実を
生み出しえた諸条件をも挙げなければならないかもしれな
い。これらのことは疑問の余地もないことである。とはい
え，受容過程を分析し，解釈し，批判することが原理的
に要求されるのだとしても，それで変わるものは何もな
い。受容過程そのものと同様に無限の課題である生産とい
う観点とは対極にあるものとして，解釈は「制作・作品」，
「我」，「汝」という 3 つ組みモデルを取りそろえる。これ
らのモデルこそ，文化哲学的基礎状況から導き出された理
念型なのである。

---

68)　Karlheinz Stierle, *Ästhetische Rationalität. Kunstwerk und Werkbegriff*, München 1996, S. 45.

69)　Cassirer, Ziele und Wege der Wirklichkeitserkenntnis, in: *Nachgelassene Manuskripte und Texte*, a.a.O., Bd. 2, S. 11.

第3節　迂回現象としての文化

迂回に対する寛容と不寛容

　中世と近代を分かつあの時代の境い目をうまく解釈しようとすれば，近代とは2回始まったのだという結論に至る。1度目は素朴に，2度目は感傷的に[70]。時代が近代へと素朴に突入していったのは，諸事物の秩序を人間へと関連づけ，古代ギリシア・ローマの真理論に立ち返ることで知をいまhere，人間生活の，それどころか個人の具体的な生き方の諸条件へと結びつけ始めたときであった。とはいえそこにとどまることはなかった。2つ目の意味での近代の感傷的な突入はこの第1の態度とは相容れないものであった。それは，なお哲学的思考を魅了していた知の局所的でアクチュアルな関係を軽視し，重要でないものとして退けたのである。哲学的反省は原理的なものとして，そしてその意味でコンテクストには無関係なものとして理解されるべきであった。近代への素朴な突入を後押しした衝動がどこかの時点で完全に押しのけられたわけではなかった（ニーチェに至るまで感性，感情，生がしばしば強調され，フランス風のモラリスムが人気を博したことなどを思い返し

<hr>

　　70）　それについてのあらゆる個別的情報を詳細に追跡するのではなく，ここではスティーブン・トゥールミンの「ルネサンスの離別」の叙述に従うことにする（Stephen Toulmin, *Kosmopolis. Die unerkannten Aufgaben der Moderne*, Frankfurt am Main 1994, S. 60 ff.）。さらなる議論には以下の文献を勧める。*Die Renaissance als erste Aufklärung*, hg. v. Enno Rudolph, 3 Bde., Tübingen 1998. ——その用語法は詩学的に，しかしまた歴史哲学的に影響力のある「素朴」（naiv）と「感傷的」（sentimentalisch）の区別をほのめかしている（*Historisches Wörterbuch der Philosophie*, a.a.O., Bd. 6, Sp. 365 f. の該当する記事を参照）。

てみるとよい）。だとしても，感傷的な把握のほうが優勢
となっていった。時代と結びつき，局所的で，状況に結び
ついた初期近代の世界観は，無時間的に妥当する世界説明
として要求された認識モデルによって覆い尽くされてし
まったのである。

　ルネサンス／人文主義から啓蒙主義の時代への移行は近
代の地盤において初期に生じたものだが，その精神的次元
にはモンテーニュやデカルトといった名前が結びついてい
る。素朴な近代と感傷的な近代との離隔は，彼らを表象の
レベルで導いているメタファーにおいてとりわけはっきり
と現れる。例えば生や思考の運動が沿うのでなければなら
ない「道」（Weg）をめぐる様々なアレンジである。個別
的な観点やモチーフに関するこのイメージの広がりには重
大な問題が見出される[71]。道のメタファーを使うことが文
化の理解のために果たした貢献は，その重要性を確証し
ている。その軌道を歩む者の注意を偶然的な出来事，印
象，経験に固有のあり方へと向けるために道の行く先を開
く，というのはモンテーニュが好んで使用したイメージ
である。この態度の出所は直接的には踏み固められた道
の拘束性に対する懐疑にある。しかし同時に，いやそれ
以上に重要なのは，生活形式と思考形式の分裂（あるいは
それどころか対立）という二元論的な帰結を何としても避
けねばならないという決意なのである。モンテーニュに
とって，道とはその目的を自分自身のうちに持つものであ
る。道は旅をするために旅をする，と彼は言う。「何か名
所を見逃してしまったのであれば，とにかく戻ってみる
──そのようなものがわたしの行く道なのである。確かな

　71）　それについては綿密な研究がある。Dirk Westerkamp, Weg, in: *Wörterbuch der philosophischen Metaphern*, hg. v. Ralf Konersmann, Darmstadt ²2008, S. 518-45.

線を引いたりはしないまっすぐなものでも，曲がりくねっ
たものでも」[72]。明らかにここからは，あらゆる出来事を統
一的な発展方向へと集約する発展という明確に輪郭を持つ
思考形式へと行き着く道筋がない。『エセー』が記述して
いるのは，きわめて多様な道のりを歩きこなすことができ
るという態度である。世界との関係は場所的にも時間的
にも自己の近くにある。この意味でそれは「迂回に寛容」
（umwegtolerant）なものである。

　そのような落ち着きはデカルトの場合では考えることが
できない。それどころか，それは彼に猜疑や抵抗をかき
立てる。デカルトにとって道はまったく別の行き先を示
す。つまり別の，まったく特定の形象を描出するものであ
る。『方法序説』の著者であるデカルトは不満をはっきり
と表明しつつ「まっすぐに目的地へとたどりつくために選
ばなければならない小道にこだわることのまったくできな
い」[73]人びとに背を向ける。1637年の『方法序説』が導入
しようと試みる方法は，劇的に宣言された危険に対抗する
ための防衛策として正当化される。その第3部では次のよ
うに言われている。この方法に従う者は，暗い森に迷い込
んでも思うままに進むべき方角を選ぶことのできる手段を

　72）　Michel de Montaigne, *Essais* (III, 9) übers. v. Hans Stilett, Frankfurt am Main 1998, S. 497〔モンテーニュ「第三巻 第九章　空しさについて」『エセー』7，宮下志朗訳，白水社，2016年，82頁〕.

　73）　René Descartes, *Von der Methode* (II, 3), Hamburg 1996, S. 25〔デカルト『方法序説』山田弘明訳，ちくま学芸文庫，2010年，34頁〕.　──デカルトが旅に対してもまた疑いの眼差しをもって見ているということがここにあてはまる。デカルトによれば，あまりにも多くの時間を旅に費やす人は，祖国に対して疎遠になり，あまりにも多くの関心を過去へ向ける者には，現在が失われる（Ebenda, I, 8, S. 11〔24頁〕）。本書の導入部で示唆しておいたように（本書第1章第2節参照），万国博覧会を訪れるボードレールはなお「旅」を文化的経験の複雑さに関する絶対的隠喩として認めるだろう。

持つ旅行者と見なされなければならない。それがどこに向
かうかはどうでもよい。とにかくその手段に従うのなら，
迷いの森から抜け出してとうとう光の下に至ることのでき
るような，まっすぐな歩みが約束される[74]。この条件下で
発展した，まっすぐな道をとにかく選ぶという主観性につ
いての理解は，変転する生活状況の経験に義務づけられて
いるのではなく，メタ経験的で無時間的に妥当する方法
の帰結である。要するに，それは「迂回に対して不寛容」
（*umwegintolerant*）なのである。

　考え方のこの変容を担っているのは，「森」という主導
的なメタファーについての解釈の変化である。『方法序説』
にとって森はよそよそしいもの，恐ろしく敵対的なもので
あるので，それを克服することでその実体における固有の
ものが獲得される。よってその克服が方的に確証されな
ければならない。外と内という区別を導入することが，こ
の視点において生じており，二項対立的な分類が取り返し
のつかないかたちで確定する。迷いの状態を克服するため
に，感性的で可視的なものの外的刺激によっていかなると
きでも欺かれないこと，いちど敷かれた道の直線にいかな
る対価を払っても固執することに，いまやすべてがかけら

　74）　Ebenda, III, 3, S. 41〔『方法序説』46頁〕参照。——この方
法論的原風景を受け入れることは，意味の明確化という形態を獲得す
る。百科全書派のダランベールによれば，哲学者は個別経験の「迷
宮」を超えて立つべきであり，「現実を凌駕しい立場から同時に主要
な技芸と学問を把握することができる」（D'Almbert, *Einleitung zur
Enzyklopädie*, hg. v. Günther Mensching, Hamburg 1977, S. 42〔ディド
ロ／ダランベール『百科全書——序論および代表項目』桑原武夫訳，
岩波文庫，1995年，67頁〕）。このような基本的な考えに固執し，ダ
ランベールは道の隠喩を「地図」と「世界図」の隠喩法へと転換し，
啓蒙主義的な修辞学批判に特徴的な警告を忘れることもない。曰く，
「崇高な難解さを備えたある種の詩的な芸術作品〔である宇宙〕」は知
性を容易に「この迷宮へと迷い込ま」せる（Ebenda, S. 23〔40頁〕）。

れている。方法を貫徹するために要求される条件とは，手
近で多様な現象への目を向けるのを諦めること，その代わ
りにいちど確定した方向の形式性を心の底から信頼するこ
とである。〔「方法」の〕語源であるギリシア語の「メタホ
ドス」〔道に沿って〕が含意しているような，行くことと
後を追うことの目的は，もはや道そのものにあるのでも，
哲学的放浪者が出くわす出来事や対象にあるのでもない。
方法に付き従うことによって，認識の妥当性を仮説として
先取りしつつ目標達成の規則的手続きを導入するという目
的がむしろ満たされる。この手続きが根本的に意図してい
るものと対応しているのは，諸々の生活形式が持つ文化的
特性を厳格に遮断することである。そのような特性は，道
徳的に考えれば潜在的な争いのもとであり，認識論的に考
えれば潜在的な誤謬の源泉とされてしまう。認識の確実さ
とは規則正しい排除の成果なのである。

　それゆえモンテーニュがみずからの作品のなかでは生活
形式と思考形式とをつねに欠かさず備えておくことを心が
けていたのに対し，デカルトはまさにそれとは逆に，思考
の具体的な生活条件と生活特徴という意味でのコンテクス
トを消去することで，認識の新たな確実性を期待する。モ
ンテーニュが生きられた生の充実によって哲学にその対象
の本質性の基準を開示したのに対し，デカルト的方法の合
理性は人文主義に関連する基準を退け，任意のものに対す
る反省のために理論的好奇心の地平を開く。偶然的な諸条
件に対して無関心であることが，プラトン的「対象性」が
持っていた無時間的観念性を復興させることを約束するの
である。モンテーニュの作品が本質的にディアローグであ
り，読者と自己自身との「対話」という理想に定位した形
式を備えていたのに対し，認識の最終目標をくつがえるこ
とのない明証性に認めるデカルトが求めるのは方法の合理
性であり，それはただモノローグとしてのみ叙述されう

る。モンテーニュが哲学的言説の意図を哲学的テクストに
特有の詩学に関連づけ，それ固有の権利をそのものとして
承認したのに対し，デカルトは哲学的テクストを否定し，
言説のクオリティのためにそれを透明なものとしようとし
た。後の時代の哲学的理性もそうした作業に集中せざるを
えなくなった。デカルトの読者は，モンテーニュの読者も
また，解釈を行うべきではけっしてなく，方法の潜在的な
成果を認識し，それをこの洞察からの帰結として使用する
ことが求められる。結局，モンテーニュが哲学を必要とす
る状況を人間に固有の事態として把握し，人間が方向づけ
を求めることに基づいて哲学的思考の課題を示すのに対
し，デカルトはまさに逆で，方法の優位を決断し，個人の
生活と知とを比較考量して，やむを得ず後者を優先させる
のである。

　「自体的なものを知ることと，現実存在するものを知る
こと」[75]というヘーゲルが別の課題において行った区別は，
近世的な二者択一をヘーゲルの時代においてもなお思い起
こさせるものであるが，それはもはやオープンなものでは
なかったのだろうと推測される。人間的な世界の地平には
還元できないものでも少なくともその重要性は自覚してい
こうという近世的主観性の要求は，方法の導入に要求され
るような「厳密さ」との対立関係にはじめから立たされて
いる。そのような厳密さはあらかじめ見積もられた道程を
正確に遵守することとして具体化するものである。具体的
な状況へと立ち入ることから遠く離れることで，方法は形
式化した知をいかなる場合においても用意する。それを使
用することは，特殊な才能や理念的な豊かさ，あるいは
ヘーゲルによってもう一度実現した「現実存在するもの」

75)　Hegel, Vorlesungen über die Philosophie der Geschichte, a.a.O.,
S. 505〔ヘーゲル『歴史哲学講義』下，327 頁〕.

についての知を，要求しないだけではなく，あらかじめ排
除する。それを計算することから他のすべてが導き出せる
ような，消失点へとまっすぐに進む一点透視図法の技術
は，歴史も著者もないと言われたかの諸々の体系の基礎で
ある。それらはあらゆるコンテクストや条件との関係を絶
ち，あたかも誰によって生み出されたのでもないしどこか
ら生まれたわけでもないような印象を呼び覚ます。

迂回する存在者としての人間

　モンテーニュによって辛辣に書き留められた自伝的な眼
差しは，あらゆる文化哲学の出発となる直観として理解さ
れるべき普遍的認識に対する，考えうるかぎりでおそらく
最もラディカルな試みである。それによれば，人間はただ
みずからの生産と世界形成の証言においてのみ自己自身を
見えるものとする。文化による形式付与のプロセスに対す
るこの洞察は，モンテーニュによって書き記された『エ
セー』を越えたところでも存続している。それらの参照機
能をもとに，〔カッシーラーによって〕慎重にも「象徴的」
と呼ばれた「諸形式」がまさにそれである。カッシーラー
の著作ではそれらは「人間の精神的行為の次元を何よりも
性格づけている」ものだとされる。それらの形式は人間に
自身の主体性とその諸前提とを現前させる。というのも，
それらは「この次元の普遍的規定要素をいわば内包してい
る」[76]からである。それに対応しているのは，人間は思考
形式という土台に純粋に基礎づけられたうえで直接的に自
己と関係を持つのではなく，ただ「自己においてのみそれ
に気づき，またそのなかで自己に気づくような世界を知る

---

76)　Cassirer, Zur Metaphysik der symbolischen Formen, a.a.O.,
S. 36〔カッシーラー『象徴形式の形而上学』51 頁〕. Guido Kreis,
Was ist eigentlich eine symbolische Form?, in: *Allgemeine Zeitschrift für
Philosophie 33*, 2008, S. 263-86. も見よ。

かぎりで」[77]のみ，人間は自己自身を知るのだという確信
である。ゲーテのこの章句にカッシーラーもまた従ってい
る。それは人間学的なものではなく，いわば「先駆的に」
文化哲学的告白を定式化するものである。人間はみずから
文化においてはじめて自己自身の前に歩み出る。そのように
して，人間とはまわり道をする存在者（Umwegwesen）
なのである。

　はじめにも述べたように〔本書第1章第1節10頁参照〕，
文化は信じられているのではなく，理解されていようとす
る。それはただ迂回路を形成するだけではなく，それ自身
がまさに迂回なのである。文化なるものはすべて，諸々の
迂回の文化である。実際にこれこそ，「文化的事実」にお
ける表明からも，文化的表現世界の隠喩的性格と指示機能
からも生じてくるスローガンである。迂回路の地図はもち
ろん常に新しく作り直され続ける。これまでの検討によっ
て明らかではあろうが，近代の変化した諸条件のもとでモ
ンテーニュへ立ち返ることや，人文主義的な世界把握に
よって状況限定的に充実を求めることだけがここで問われ
ているわけではない。モンテーニュの率直さは，生活を思
い起こしその伸び広がる道程についての貴族主義的な楽天
に依存したものである。長年にわたり何度も推敲して書き
記したものは思考を方向づける作用を持つが，それによっ
てモンテーニュは生活を自分のものとしようとしたわけで
ある。

77）　それに付け加えてゲーテは次のように言う。「新しい対象
はすべて，よく見れば，わたしたちの内に新しい器官を開発する」
（Bedeutende Fördernis durch ein einziges geistreiches Wort, in: *Werke,*
Hamburger Ausgabe, a.a.O., Bd. 13, S. 37-41, この箇所に関しては S.
38）。ヴァイマール期の文化哲学のゲーテ主義については Barbara
Naumann, *Philosophie und Poetik des Symbols. Cassirer und Goethe*,
München 1998, およびバーバラ・ナウマンとビルギット・レキ編集
の論集（*Cassirer und Goethe*, a.a.O.）を参照。

　それに対立するのが典型的に近代的なジンメルの気が
かりである。文化の道の広がりを見通すことはできない。
それが，いつかまた諸々の文化の道がひとつの全体像へ，
「文化理念」[78]へ，あるいは唯一の大がかりな説明へと完結
することを妨げているのではないか。20 世紀の比類なき
集団経験に見られるような世界の脆弱さに，このフランス
人貴族〔たるモンテーニュ〕はまだ気づいていなかったに
違いない。モンテーニュはかつて神学の権威に抵抗したの
ではなく，むしろ無視したのであるが，その権威が失墜し
た後ではじめて，決定的な問題が先鋭化する。それはま
ず，宗教批判の作用によって洗練されながら，歴史哲学者
たちによって気づかれることとなった。それこそ，ヴィー
コが述べているように，「人間自身があらかじめ措定した
特殊な目的とはしばしばまったく異なり，ときに完全に対
立し，またつねに優位を持つ精神」[79]についての問いであ
る。

　モンテーニュがその問いを退けたのに対し，すでに見た
ようにヴィーコは，キリスト教的伝統によって受け継がれ
てきた要素と一致させる努力をなお行いながら，それに応
答する。ヴィーコが明らかにし根拠づける「文明世界」の
自律は相対的なものに留まる。人間の行為はすべて，『新

　78）　ジンメルは 1918 年の終戦のとき，次のように公言してい
る。「今日教養層の人間に，どのような理念のもとで生きているのか
と問うなら，ほとんどの人は自身の職業に依拠した特殊な答えを挙
げるかもしれない。しかし人間の全体と特殊活動のすべてを支配し
た文化理念についてはほとんど何も聞こえてこないだろう」（Georg
Simmel, Der Konflikt der modernen Kultur, in: *Gesamtausgabe*, a.a.O.,
Bd. 16, S. 181-207〔「現代文化の葛藤」生松敬三訳，〈ジンメル著作
集 6〉白水社，2004 年，239-77 頁〕，この箇所に関しては S. 190〔250
頁〕）。

　79）　Vico, *Prinzipien einer Neuen Wissenschaft*, a.a.O., S. 6060, cap.
1108〔ヴィーコ『新しい学』下，上村忠男訳，中公文庫，506 頁〕.

しい学』の著者が読者に提示しているように，摂理という
見通すことができない謎の役に立つものである。

歴史の弁神論と 20 世紀の動揺

　敬虔な学問の消息についてはさらに別の形態へと発展す
る。とくに影響力を持っていたのはヘーゲルの解答であ
る。ヘーゲルによれば，歴史はヴィーコが考えたように弁
神論のためのしるしではなく，それを真に満たす場所とし
て記述される。それはすなわち，この世界の悪に打ち勝
つ理性の現実化なのである。ヘーゲルの『歴史哲学講義』
の結論は，精神と経験の諸要求との和解を約束している。
「生じたもの，日々生じているものは，神なしにあること
がないだけではなく，本質的に神自身の作品である」[80]。あ
とはただ，世の流れの不安定さと人間による参与の不確か
さが，ここには付け加えられるだけだというのである。
　歴史を観念化することによって，ヘーゲルは問題を解消
する。彼にとって歴史は時間を越えたところで，あるいは
時間の内部でではなく，時間を通して，その形式付与の力
の永続的な産出として実現する。その基準から現にあるも
のは制裁・認可されることになるが，それは歴史と理性を
収斂させることの代償である。入れ替わり立ち替わる諸々
の生活形式は，『歴史哲学講義』の有名な序論で言われて
いるように，人間が「無意識に」[81]生み出すものであるが，
それらを包括する一般概念が最終的には考え出される。そ
れが歴史である。ヘーゲルにとってそれは，人間的実践の
結果として意志，企図，意識的な計画を超えていくもの，人
間の活動を全体的な枠組みに統合し，人間に方向を提示す

---

　　80)　Hegel, Vorlesungen über die Philosophie der Geschichte, a.a.O.,
S. 540〔ヘーゲル『歴史哲学講義』下，374 頁〕.
　　81)　Ebenda, S. 39 f., 46 u. pass〔ヘーゲル『歴史哲学講義』上，
43 頁以下，とりわけ 51 頁〕.

るものの，徹底的に体系化された総体にほかならない。

　世界史が 20 世紀に経験したことはまさに怪物的であっ
た。絶滅へと向かう実践に直面したことで，歴史について
ヘーゲル的な解釈案を採択し，実際の経験に「哲学的に」
無関心を装うことは，もはや耐えがたいものとなった。そ
うした哲学はそれどころか冷笑的な懐疑の的とさえなった
のである。歴史の理性をこっぴどく軽蔑したニーチェです
らなお，歴史の明白な残虐さと無意味さに面前してそれを
「意味のあるものにする」[82] という試みに価値を見出してい
たが，それはそのあとすぐに，世代をまたいで多くの人々
を世界大戦という殺戮場へと引き込み，全体主義的体制の
収容所へと送り込んだという現実にぶち当たり挫折した。
わずかな年月の間に 2 度もヨーロッパを血反吐にまみれ
た状態に陥らせたことで，文化の世界と戦争の世界とがも
はや切っても切れないものとなったことが，誰の目にも明
らかなものとなった。ショックは問いを呼び起こす。どの
くらい前からこのような状態は続いていたのか。どれほど
の範囲がすでに巻き込まれているのか。いつ，どこで，ど
のような状況のもとで，17, 18 世紀の啓蒙主義によって結
びつけられた幸福と知との結びつきは解かれてしまったの
だろうか。平和を新たに打ち立てる方法を知るにはどうし

---

　82)　Friedrich Nietzsche, Nachgelassene Fragmente 1875-1879, in:
Kritische Studienausgabe, hg. v. Giorgio Colli u. Mazzino Montinari, Bd.
8, 2. Aufl., München 1988, S. 57 ［強調はコナースマン］. ──批判につ
いては先に引用したカッシーラーの議論に加え，Paul Ricœur, *Zeit und
Erzählung*, Bd. 3, München 1991, S. 312 ff.〔リクール『時間と物語 III
　物語られる時間』久米博訳，1990 年，355 頁以下〕参照。リクール
は次のように書いている。「とりわけアウシュヴィッツの犠牲者たち
は，わたしたちの記憶の内で歴史のあらゆる犠牲者を代表している。
彼ら犠牲者たちの内で，理性の狡知と正当化されえずむしろ歴史のあ
らゆる弁神論のスキャンダルを暴露する歴史のかの裏面が明らかにな
る」(Ebenda, S. 304〔344 頁〕)。

たらよいのだろうか。世界を内と外，友と敵，価値のある
ものと価値のないものに分けることを許容してきた，ある
いはそれどころか推奨すらしてきた文化とはどのようなも
のであったのだろうか。

迂回を選択すること

　これらの問いやそこからもたらされた深い動揺は，前章
で「文化論的転回」として論じられた一連の出来事のモチ
ベーションとなる背景を形成した。文化哲学的転回の企て
は前例のない受苦によって印づけられた世界史的切断への
リアクションとして理解された。その証人こそ，文化哲学
の第 1 世代であった哲学者たちにほかならない。もっと
も彼らが認識した断絶も，全体的なものではなかった。度
重なる拒否にもかかわらず，ヘーゲルへの批判は先鋭化し
た諸条件のもとで，この間の経験に直面してもなお，人間
の事柄とは何かということを明らかにし告発したいという
根本的に無茶な要求を受け入れていった。文化哲学とはこ
の意味で歴史哲学の批判的な相続人なのである。
　伝統から逸脱した構想のなかで，文化哲学は生じてき
た。とりわけそれは同時に新しい始まりを意味していた。
それには次のような洞察が導きの糸となっている。まず，
ここで認められるべき連関の統一はもはや実体的ではな
く，機能的に考えられるべきであること。それから，ここ
で形成されるべき世界との関係のあり方は形而上学的では
なく，偶然を意識するかたちで組み立てられるべきである
こと。最後に，望まれている大きな語りとは，もはや目的
論的ではなく，断片的に示されるべきであるということ。
要するに，「弁証法的」統一と「対立物の共存」というの
が重要である[83]。文化哲学は実在する世界をないがしろに
するものではない。逆にかつて観念論的な本質主義はそう
するように求めたものである。その真理は物事の「背後」

に求められるべきものであった。そこでは，哲学的に考え
るなら，象徴形式の宇宙とその経験の彼岸にある根本的な
ものを，つまり直接的なもの，起源，絶対者の王国を見出
すことができるだろうと期待されていた。文化哲学はその
ような期待を掻き立てはしない。その代わりに，象徴形式
の宇宙の現象そのものに，それが持つ形態化の作用と諸対
象に注意を向けるのである。

　わたしたちが今日関わり合っているのは思弁的歴史哲学
の解決ではなく，むしろそれがもたらした諸々の問題であ
る。それらはカントが「理性とそこから借用された諸原理
のいかなる経験的使用によっても」[84]満足させられるもの
ではないとした一群の哲学的根本問題に由来するものであ
る。つまり，人間の現実参与のあり方，世界における人間

---

83)　Cassirer, *Versuch über den Menschen*, a.a.O., S. 337〔カッシー
ラー『人間』468頁〕。——これ以上にはっきりとカッシーラーは語っ
ているわけではない。それでも彼は，新歴史主義がわたしたちに突き
つけたがっているような「小さな歴史」(petites histoires) と「大いな
る物語」(grand récit) との単純素朴な二者択一 (Stephen Greenblatt,
*Wunderbare Besitztümer. Die Erfindung des Fremden: Reisende und
Entdecker*, Berlin 1994, S. 110) を要求しているかのような見かけを，
いわば先回りして阻止したかったのである。『人間』の結論部が解説
しているところでは，精神の歴史的現象学の新たな語りの形式は「自
己自身との調和において」不調和を示し，対立を相互に参照させるは
ずである (S. 346〔480頁〕)。「大いなる物語」を「抑圧の形式」とし
て誹謗中傷することは広く行き渡っているが，それはいずれにしても
短絡的なものである。コゼレクが示したように，近代においては逆の
ことがあてはまる。つまり，勝者ではなく，打ち負かされた者のほう
が，期待するのとは別様に生じたのはなぜかということについての歴
史学的説明を欲するのである (Reinhart Koselleck, Erfahrungswandel
und Methodenwechsel. Eine historische anthropologische Skizze, in:
Historische Methode, hg. v. Christian Meier u. Jörn Rüsen, München 1988
(Beiträge zur Historik, Bd. 5), S. 13-61, この箇所に関しては S. 60)。

84)　Kant, Kritik der reinen Vernunft, a.a.O., S. 41 f. (B 21 f.)〔カン
ト『純粋理性批判』上，64-65頁〕。

の位置，人間の行為とその帰結の射程についての問いがそ
れである。人間とは文化的存在者であるということを，人
間学的ではなく，文化哲学的に考えることが肝要である。
「文化・耕作」（cultura）によって人間の世界には「世話・
養い」（Pflege）という観点が授けられる。それが全体と
して意味しているのは，〔人間が〕いつもすでに現実をそ
の形態化可能性の地平において示さなければならず，迂回
路を開拓し，確保し，そのうえを歩むという実践の適切さ
に関する基準を用意しなければならない，ということであ
る。どこにも通じていない誤った道の不注意さと，排他的
であり他の選択肢をあらかじめ締め出しているようなまっ
すぐな道の効率の良さとの間で決断を行わなければならな
いというジレンマの手前に，迂回路はある。迂回すること
は，適応不能で未来に対し盲目である存在者が生き延びる
ためのチャンスである。自身の制作・作品において，人間
はそのような存在として自己自身に現れる。制作を行い，
命名し，解釈を加え，意味を付与することにおいてすで
に，文化は押し寄せる現実から距離を取る。文化が生じる
のは，行動の切迫が中断し，時代精神の圧迫が妨げられ，
ルサンチマンの政治が妨害され，不安が払いのけられると
ころ，つまり一言で言えば，世界の開放性と好奇心に権利
を与えるという仕方で現実が見て取られるところである。
　人間理性の狡知は〔ヘーゲルが言うように〕歴史におい
てではなく文化として実現する。こうしてわたしたちは文
化哲学の扱うテーマとそれが立てるテーゼをひと通り確認
し終わったわけである。その締めくくりとして次のことを
確かめておくくらいは許されよう。わたしたちはまわり道
できる――かつて人々に完全な救いを誓った弁神論が挫折
した後で，なお少しでも慰めがあるとすれば，それはまさ
しく迂回の可能性にこそ認められるはずである。

解　　説

　本書はRalf Konersmann, *Kulturphilosophie zur Einfüh-rung*, 3., ergänzte Auflage, Junius 2018（初版は2003年）の全訳である（本文中の節以下の小見出しは訳者による補足である）。著者のラルフ・コナースマンはミュンスター大学で学業を修め，ハーゲン通信大学，ライプツィヒ大学を歴任したのち，キール大学哲学科で2020年まで教鞭を取った。

　書名にはっきりと表されているように，本書は言うまでもなく「文化哲学」の入門書である。ただし，この「文化哲学」という言葉から即座に思い浮かべることができるようなもの，つまり文化の本質に対する深遠な哲学的な思索，あるいは特定の文化現象に対するクリアな解読や現代文明に対する決然とした態度などを期待して本書を紐解いても，なんとなくはぐらかされているかのような気分になるのである。コナースマンの記述はどこかそうした手っ取り早い結論を避けようとしているかのような印象を抱かせるところがある。とはいえ，そのような迂遠な文体が選択されることにまったく根拠がないわけでもない。それどころか実のところ，その姿勢は文化という事象に対する著者特有の理解に根ざした戦略なのである。文化について哲学をすることは，文化と人間に対する決定的な本質論への期待を断念することである。こうしたある種の「諦め」と，それに伴う方向転換の決断への誘いが本書の全体を貫いて

いる。すなわちそれは，文化とは「迂回」の現象であり，そのためわたしたちにもそのようなまわり道に付き従うことのできる知的態度を要求しているのである。その意味で，この本は一読して用が済むようなわかりやすい解説書ではない。むしろ厄介な問題があることを人に気づかせること，（ウィトゲンシュタイン風に言えば）「味覚を変える」ことを，コナースマンは狙っているのである。それが具体的にどのような作業となるかは実際に本文を読まなければならないわけだから，ここでの解説もそれを希釈するようなことは諦めて，もっぱら背景となるコナースマン哲学全体の構図と，本書のキーポイントとなる部分をまとめるだけに留めることとしたい。

1　隠喩学，歴史的意味論，文化哲学

　コナースマンの研究業績は多岐に渡るが，その仕事全体の輪郭は「隠喩学」，「歴史的意味論」，「文化哲学」という3つのポイントにまとめられるだろう。

　まずミュンスター時代の師であったブルーメンベルクの衣鉢を継ぐ「隠喩学」（Metaphorologie）が挙げられる。哲学者の隠喩使用に着目し，隠喩が持つ諸々の機能を分析することで，ブルーメンベルクは従来の概念中心的な哲学研究に修正を要求した。そのような師の業績を積極的に引き受けるかのように，コナースマンの研究キャリアのスタートには『鏡と像——近代的主観性の隠喩法について』（*Spiegel und Bild. Zur Metaphorik neuzeitlicher Subjektivität*, 1988）や『生き生きとした鏡——主体の隠喩』（*Lebendige Spiegel. Die Metaphor des Subjekts*, 1991）といった仕事がある。その路線上に共同研究の成果である『哲学的隠喩辞典』（*Wörterbuch der philosophischen Metaphern*,

Wissenschaftliche Buchgesellschaft 2007, Studien Ausgabe 2014）の編集がある。たしかに「辞典」ではあるが，ここでいわゆる語義のみを収集・解説する「辞書」的なものをイメージすると間違える。『哲学的隠喩辞典』は哲学的言説に出現する基本的な隠喩とその使用法を収集するわけだが，記述の力点はむしろ（「概念史」（Begriffsgeschichte）研究の補助部門として位置づけられたブルーメンベルク「隠喩学」と同様に）それらが独自に持つ歴史的展開に向けられるのである。哲学的概念の歴史学的辞典というのであれば，『哲学の歴史辞典』（*Historisches Wörterbuch der Philosophie*）がまずは思い浮かぶに違いない（コナースマン自身もいくつか項目を執筆している）。1971 年に刊行が開始され 2017 年に全 13 巻が完成したこの大辞典は，戦後（西）ドイツの精神的復興を担うべく期待された人文学の歴史的大事業であった。ところが編集者のヨアヒム・リッターが辞典全体の序文において弁解しているように，そこでは哲学的隠喩の採録は重要性を認められつつも断念されざるをえなかった。そのような事情を踏まえると，コナースマン編『哲学的隠喩辞典』はまさに「概念史」研究プロジェクトの補完として理解できる。たとえ小規模なものであったとしても，その実現はいわゆる「ブルーメンベルク学派」の悲願であったとも言えよう。

　このように，コナースマン哲学のインパルスはまずブルーメンベルク的隠喩学によって与えられたものであると整理できよう。しかしその単なるエピゴーネンにとどまることのない独創がコナースマンには認められることに何より注意すべきである。隠喩に対する徹底した考察から生活世界論に合流し，隠喩学を拡張するという展開はブルーメンベルクにも見られるものであるが（とくに 1979 年『難破船』最終章「非概念性の理論への展望」参照)，その際ブルーメンベルクが「人間」に集中したのに対し，コ

ナースマンは「文化」へと向かう。実際，コナースマンは
隠喩使用に限定せずより広く文化的コンテクストに根ざ
した言語使用一般に問題拡張することで西洋的思考の歴
史の背景へと迫る自身の研究を，90 年代中盤から「歴史
的意味論」（die historische Semantik）と総称している。た
とえば『ティマンテスのベール——歴史的意味論のパー
スペクティブ』（*Der Schleier des Timanthes. Perspektiven
der historischen Semantik*, Fischer 1994）や『精神の喜劇
——哲学的意味史としての歴史的意味論』（*Komödien
des Gesites. Historische Semantik als philosophische
Bedeutungsgeschichte*, Fischer 1999）のほか，2015 年出版
の『世界の忙しなさ』（*Die Unruhe der Welt*, Fischer 2015）
では，西洋文化において「忙しなさ」（Unruhe，不安定，
不安，動揺）という生活感情が認可・規範化されていく過
程に対する歴史的解明が試みられている。コナースマンに
よれば西洋の文化は全体として平安や安寧ではなくむしろ
不安定さへの嗜好をもつ点に特徴がある。ともすれば資本
主義にすべての罪が負わされがちであるこの主題に対し
て，コナースマンは独自の系譜学的作業を企てることで，
現代の諸現象に先立つ（あるいはその背景となっている）
文化の深い層を掘り当ててみせるのである。このテーマ
については続編としての『忙しなさの辞典』（*Wörterbuch
der Unruhe*, Fischer 2017）や『尺度なき世界』（*Welt ohne
Maß*, Fischer 2021）において考察がさらに進められている
ところである。なお『忙しなさの辞典』は 2017 年にトラ
クタートゥス賞（Tractatus）を受賞している。

　「歴史的意味論」の展開は隠喩学の文化哲学化あるいは
文化的ラディカル化（Kulturalisierung der Metaphorologie）
であると言えるだろう（訳者はそのようなことを留学中に
本人から直接聞いた覚えがある）。それに加えて，コナース
マンは文化の問題を主題化して掘り下げ，歴史記述を舞台

とする「歴史的意味論」が持つ根本的な定位に対するある種の反省的な理論化の作業を行う。それこそまさに本書のテーマでもある「文化哲学」（Kulturphilosophie）にほかならない。本書『文化哲学入門』に加え，『文化的事実』（*Kulturelle Tatsachen*, Suhrkamp 2006）あるいは『文化批判』（*Kulturkritik*, Reclam 2008）などの主題的論考（このふたつの書はそれぞれ本書第4章の第2節と第1節に対応している）に見られる当該テーマへの執拗なこだわりは，21世紀のドイツ哲学界において稀ではある。とはいえ現代の「文化哲学」はコナースマンひとりによる孤立した営みであるわけでもない。2007年発刊の学術雑誌『文化哲学』（*Zeitschrift für Kulturphilosophie*, Felix-Meiner 2007-）を中心とする研究ネットワークの整備，『文化哲学基本テキスト』（*Grundlagentexte Kulturphilosophie*, Felix-Meiner 2009）や『文化哲学ハンドブック』（*Handbuch Kulturphilosophie*, J.B. Metzler 2012）といった学習資料の用意——それらもまたコナースマンの努力を中心にしたものではあるのだが——により，「文化哲学」はひとつのアクチュアルな哲学的フォーラムとして周知されつつある。その代表的な例がドイツ文化学会（Kulturwissenschaftliche Gesellschaft）における「文化哲学および文化論部会」（Sektion Kulturphilosophie und Kulturtheorie）の設置であろう。文化哲学はいまやひとつの「文化」となる。

2　哲学史のゲシュタルト転換

　本書『文化哲学入門』の狙いは，「文化哲学」が哲学の応用分野でもなければ学派でもなく，ひとつの固有の学問実践であることを示すことにある（35頁）と言えよう。つまりコナースマンによれば「文化哲学」

（Kulturphilosophie）とは法の哲学や社会の哲学，生物学の哲学などのような○○哲学としての「文化の哲学」（Philosophie der Kultur）ではない。どこか俯瞰的な視点から文化現象を分析し，他の領域との体系的な連関を導き出し，それによってわたしたちの知的好奇心を満足させるのではなく，それ自体として他に還元できない哲学的な役割や実践的な態度決定がここでは示されようとしているのである。そこにコナースマンの「挑戦」がある。

　それでもこうした主張を聞いて素直にうなずけるかと言えばやはりそうでもない。たしかに「文化哲学」をことさら特権化することへのいぶかしさのようなこの感覚には，ドイツと日本の哲学事情の差が少しは関係しているようにも思われる。当地の大学哲学科にはかつてより現在に至るまで文化哲学の講座が存在しており，コナースマンのいたキール大学以外にも重要な研究拠点がいくつかある。ドイツはまた，教養とほぼ同義に理解された精神的「文化」という言葉の故郷でもある。このような制度化・伝統化の違いはあるにしても，やはりこの呼称にはどこまでも馴染みのない，あるいはもっと言えば，ひどく時代遅れな印象がぬぐい難くへばりついているのである。本書で扱われる哲学者たちの顔ぶれを見ても，教科書的な哲学史であれば無視してもかまわないような面子ばかりである。

　哲学史に詳しい読者であれば「文化哲学」の名前を19世紀末から20世紀初頭にかけてのムーブメントであった「新カント派」，あるいは「文化哲学のための国際誌」というサブタイトルを持つ雑誌『ロゴス』（1910/11-1931）と結びつけて考えるかもしれない。それによって「文化哲学」はいずれも過去の一時的なブームであり，もはや歴史的な遺物にすぎないものと見なされる。とりわけ日本の哲学的風土に対して，おそらくそれよりも重要な印象を与えているのは1929年の伝説的なダヴォス討論におけるハイ

デガーからのカッシーラー「文化哲学」批判であるに違い
ない。ハイデガーの哲学史的勝利によって，哲学という営
みは文化から離れていった。それ以降「文化哲学」は旧世
代を包括するラベルとなったと一般には整理されるところ
であろう。

　わかりやすいが党派的でもあるこうした見取り図の一面
性はたしかに糾弾されるべきだろうと思われるが，コナー
スマンの戦略は返り討ちが予想される危険な正攻法をとる
ものではない。彼はむしろ西洋のいずれの時代においても
文化に対する知が周縁的であり続けたことに注意を促して
いる。古代ギリシア以来の哲学という営みは，もともと文
化現象と相性が悪かったというのである。ミュートス（神
話物語）からのロゴス（言葉・論理・理性）の離反に根ざ
すその誕生以来，西洋哲学史の本流は脱文化・超文化を原
則としており，多様で相対的な個々の文化から距離を置い
たところで獲得されるはずの真理や本質が求められてい
た。わたしたちの生の現場であるとともに蒙昧の源泉であ
る（プラトン的に言えば）「洞窟」から出ることこそ，古
来より哲学者たちの関心を絶えず惹きつけていたテーマ
であったと言えよう。それゆえ哲学の伝統に則るのであ
れば，「文化哲学」とはひとつのパラドクスであり，消え
去ったブームであるかどうか以前に，そもそもありえない
思考なのである。文化と哲学とを分け隔てるべきだという
このような確信が，哲学一般の脱文化的傾向とともに，そ
の反面において，同時に19世紀以来の経験諸科学におけ
る哲学からの離反を促しているものだと言える。

　したがってコナースマンが「文化哲学」という不可能事
に賭けているのは文化と哲学を切り結ばせることによる哲
学史全体のゲシュタルト転換であると考えられる。文化排
除的であることが哲学的思考を根底的に規定してきたとす
れば，文化の中にみずからを定め，文化の事柄をその中心

として位置づけようとする哲学とは，すなわちこれまでの
伝統的な（プラトンからハイデガーに至るまでの）哲学的
思考のあり方に対する「挑戦」だと言えよう。

　文化に思考の焦点を定めるというその挑戦がなぜ敢えて
必要なのか。文化哲学的思考の発生を 20 世紀のヨーロッ
パ史から整理する本書の第 3 章で明らかにされるように，
文化の悲劇と破滅という不可逆的な歴史経験に対するコ
ナースマンの厳しい診断がそれに対する答えになる。この
1 世紀足らずの間に，文化は前提であることをやめ，問題
となった。いまや文化がわたしたちに思考をするよう駆り
立ててきているのである。文化の外に出るのではなく，文
化へと引き返し，そこに留まることを可能化し肯定する思
考が，いまや求められている。したがって「文化哲学」が
要求する思考の方向転換とは，周知の思考法そのものから
手を切ること，伝統的な形而上学の代わりとして何らかの
埋め合わせを行うことなのである。それはまた洞窟の外に
出ようとすることへの徹底的な諦めでもある。

　　　文化に向かい合う者はそれを追求するために，絶対的
　　　なものという基準を放棄しなければならない。…〔中
　　　略〕…「純粋な明証を手に入れること」が不可能であ
　　　るということを心の底から納得せざるを得なかった後
　　　で，果たして人間には何が残されているのかと問うこ
　　　とから，文化に対する哲学的な関心は生まれてくるの
　　　である。　　　　　　　　　　　　　　　　（23 頁以下）

　このような視点から回顧することで，哲学の歴史もまた
別様に見えてくるに違いない。本書で紹介される思想家・
哲学者たちは，これまで日本でも個別的に紹介されてきて
はいるものがほとんどだが，「文化哲学」という解釈の枠
組みが新たに与えられることで，それらについての新たな

読み筋や，思想の間に潜在していた諸々のコンテクストの
発見も期待されることだろう。

3　人間や歴史ではなく，
文化を主題化すること

　コナースマンの狙いをさらに明確化するために，ここで
はさらにその論争的な側面について見ることにしたい。哲
学の転換を図るうえで「文化」が選択されるのであるが，
本書のなかで散見されるように，その裏には「人間」と
「歴史」というふたつの異なる観点との対決がある。
　コナースマンによれば「文化哲学」とは「人間によって
つくられた有限な世界——それこそ文化である——へと理
解しつつ取り組むこと」（36頁）である。「人間化された
世界」としての文化に哲学的思考を向かわせるもの，その
ひとつには，すでに触れたように，超文化的形而上学に対
する諦めの感情があった。それはまた多様な文化的形成と
いう側面から切り離された「人間」そのものを取り出すこ
とへの断念でもある。
　コナースマンは本書で文化哲学と「人間学」
（Anthropologie）との差異についてしばしば語っている。
20世紀ドイツ的なコンテクストにおいて念頭に置かれる
Anthropologie とは，英語圏におけるいわゆる「人類学」
ではなく，カントやヘルダー以来の伝統を持ち，マック
ス・シェーラーによって定式化された「哲学的人間学」
（Philosophische Anthropologie）というディシプリンであ
る。動物的な「生」から「精神」を区別することで人間の
固有性を思弁的に求めたシェーラーに対し，後の世代はむ
しろ生物学，動物学，社会学などの学際的な知見を応用し
ながら人間への問いを刷新していった。その中には本書

で高く評価されるカッシーラーの後期思想（「象徴的動物」
（animal symbolicum）としての人間）やブルーメンベルク
の名前を数え入れることもできよう。後者の場合，ゲーレ
ンの「欠如存在」としての人間という理解の影響下で，例
えば『神話の変奏』（1979 年）や遺稿『人間の記述』（2006
年）では隠喩や神話といった文化の起源を，原初的恐怖へ
の人間的対処である「現実の絶対支配からの距離化」ない
し actio per distans（距離化行為）として求めようとする。
　本書でもたしかにしばしば「人間」が登場する。そもそ
も「文化」とはコナースマンによれば「人間によってつく
られた世界」なのである。とはいえ基点となるのはあくま
で「文化」である。ブルーメンベルクが文化の問題を前
に「人間」の自己防衛へと引き返そうとするのに対し，コ
ナースマンはあえて「文化」固有の次元へと留まる。たし
かに文化哲学もまたブルーメンベルクと同様に「文化」を
要求する「人間」に固有の状況を「明証性の欠如と行動の
切迫」（第 1 章第 1 節，およびブルーメンベルク『われわれ
が生きている現実』所収の論文「修辞学の現代的意義」を参
照）に見るとしても，あくまでわたしたちの生きる現場で
ある「文化的事実」（第 4 章第 2 節）に照準を合わせるの
である。言い換えれば，人間学的哲学が文化について扱う
のではなく，文化哲学がその下位部門として「人間学を持
つ」（50 頁）のである。「人間的なものの構成への体系的
な問い」（49 頁）ではなく，それはむしろ「文化」のダイ
ナミズム（作品制作・受容の実践）においていかに「人間」
が語られ，要求され，あるいは退けられるのかを理解しよ
うとするのである。こうした基本的な理論態度の背景にあ
るのも，文化のコンテクストを超えて人間本性を求めるこ
とへの断念だと言えよう。
　いかなる形而上学も避けて「文化的事実」（faits
culturels）へと向かうという文化哲学固有の態度は，「歴

史」という観念への警戒，ないしヘーゲル的な「歴史哲
学」との対決というこれもまたしばしば本書で言及される
事態に表現されている。近代において「歴史」とは「進歩
という直線的で不可逆的な発展」（第3章第1節）である
と理解される。それにより文化現象の難題や危機がその克
服へと目的論的に整除されていく。啓蒙主義的な進歩の観
念はまた諸々の文化体系を裁く価値の基準である。つまり
それは常に自文化中心主義に陥る危険をはらんだ解釈装置
なのである。否定性を媒介として上昇の必然性を思弁的に
説く弁証法的な歴史哲学もまた，文化の現象を視野に入れ
つつもそれ本来のコンテクスト性を捉えることができず，
個別的な文化現象は結局のところ「乗り越え」られ，再び
周縁化されてしまう。このような反省的理解からコナース
マンはヘーゲルではなく，ヴィーコからカッシーラーへと
つらなるラインの先に現代文化哲学の位置を特定しようと
するのである。「ヴィーコによって切り開かれ，数多くの
段階を経てカッシーラーによって完遂された文化哲学的転
回は，人間によって作られた世界の証言としての「文化的
事実」に対して，哲学的な眼差しを研ぎ澄ませるように要
求する」（147頁）。

　人間でも歴史でもなく，文化へと眼差しを固定するこ
と。文化の要請を中断しそのことを「問題解決」と僭称す
るのでなく，先に進む前に立ち止まり，まずは受け入れて
みること。ひいては「乗り越え」の論理に抗うこと。それ
こそ文化哲学の要求にほかならない。では，この要求に従
うことで見えてくるものとは何だろうか。以下に本書全体
の構成を簡単に確認し，そのキーワードをまとめてみよ
う。

4　文化哲学の誕生
——ジンメルとカッシーラー——

　およそ一般的な哲学入門の書と同様に，本書もまた体系
部門と歴史部門を備えている。第 1 章での問題設定・予
備的紹介を受けて，第 2 章で現代文化哲学に先立つその
前史が，第 3 章で 19 世紀末から 20 世紀にかけての精神
的時代状況から本来的な意味での文化哲学の発生が語られ
る。とくに注目されるのはジンメルに対するカッシーラー
の批判であり，コナースマンはそこに「生の哲学」からの
「文化哲学」の自立を読み取っている。それらの検討を受
けて今日における文化哲学のあるべきかたちが，とりわけ
カッシーラーを手引きとして考察される。

　文化哲学のはじまりを考えるうえで，ヴィーコのデカル
ト批判（第 2 章第 1 節）を重視するのは，コナースマンばか
りではなく西洋文化哲学史の記述にとって一般的な共通
見解であろう。文化哲学が持つ挑戦的性格という特徴づけ
にとって，デカルトではなくヴィーコだというのはやはり
相当に重大な意味を持つ。コナースマンの文化哲学史理解
もこの点に大きく依拠しており，他の思想とのコンテクス
トを作成していく際にもヴィーコの「文明世界」の哲学が
不可欠な基軸を提供していると言える。ルソーの「文化批
判」（第 2 章第 2 節）についても，コナースマンがここで
見るのは，「自然に還れ」という通俗化したモットーのも
とで理解されたルソーではなく，自己以外に寄る辺を持た
ない近代的人間の自己主張である。あるいは，シラーにお
ける時代の Bildung（教養・陶冶形成）の浮上（第 2 章第 3
節）の意義もまた強調されるが，後の時代の文化哲学につ
ながるラインをシラーから引くのではなく，コナースマン

はむしろシラーからの断絶に文化哲学の成立を見ている。

　第3章では狭義の文化哲学の誕生が主題化される。そこでコナースマンが強調するのは，文化哲学誕生の背景としての特有の時代性である。彼によれば現代の文化哲学とはヨーロッパ文化の危機への対処として生じたものである。決定的なのは，人間がつくり出したものがいまや人間を脅かすという「文化の危機」に関する認識が広く共有されたことである。科学技術による文明の極まりにおいて，人類はいまや「絶滅のメカニズムに巻き込まれていく」（102頁）。文化のパラドクスは喫緊の課題として知的状況の転換を促す。ここにコナースマンは哲学の「文化論的転回」（第3章第2節）を確認する。こうした危機を最も敏感に嗅ぎ取ったのがジンメルでありその「文化の悲劇」（Tragödie der Kultur）という定式であった。このように，危機的状況の切迫さに基づいた知の駆り立てとして，文化哲学はその萌芽を見る。

　しかしながらそうして誕生した文化哲学はいまだ本来的で固有の思考ではない，というのが本書の大きな診断のひとつである。コナースマンがここで最も重要視するのはジンメルではなく，ジンメル「文化の悲劇」論に対するカッシーラーの批判なのである。ジンメルの「哲学的文化」（Philosophische Kultur）というプロジェクトは文化の弁証法的なダイナミズムへと思考を開き，文化の細部を哲学の現場とすることができた。しかし「文化の悲劇」というその最終的な診断は，結局のところ文化的コンテクストへの絶望を語ることでそこからの離脱を促し，差異化以前の統一原理としての「生」へと飛躍するためのスプリングボードとして機能する。文化は生の分裂と統一のダイナミズムをわたしたちに見せるためのショーとなる。こうして「生の哲学」は文化を再び二次的なものとしてしまう。このように，文化についての哲学的な主題化は，新カント派，

ヘーゲル的歴史哲学と並び，ジンメル的な「生の哲学」からの独立というカッシーラーの作業を待たなければならない。

5　すべてを機能の相のもとで
——制作・作品の世界としての文化的事実——

　本書の体系部門であり結論部である第4章はカッシーラーに依拠して文化哲学の固有域を素描するものであるが，議論のそれぞれにコナースマンの既刊著作との対応がある。つまり第1節「文化批判の両義性」は『文化批判』，第2節「文化的事実の理論について」は『文化的事実』，そして第3節「迂回現象としての文化」は諸々の「歴史的意味論」関連の著作への参照が求められる。『文化哲学入門』の枠内では，コナースマンの主張はカッシーラー解釈を媒介とするかたちで展開されており，そこから直接的に現代的文化哲学のあり方とその意義が導き出される。

　カッシーラーの思考を「哲学的思考のポスト形而上学的な形態」（156頁）として特徴づけるにあたり，コナースマンの考察はその Werk という概念に向けられる。翻訳にあたりこの語の多義性に留意し，「制作・作品」という訳語をあてた。すなわち一方で Werk は人間による主体的な「制作」の行為を示しながら，制作された客観としての「作品」をも示す。あるいはこの二重性に対して自覚的に，その概念が持つポテンシャルを最大限引き出していくところに文化哲学固有の思考はかけられていると言ってもよいだろう。カッシーラーは「エネルゲイア／エルゴン」の二重性を説くヴィルヘルム・フォン・フンボルトの言語論に範を取るが，それを横目に見ながら，コナースマンもまた「制作・作品」という事態を自身の文化哲学的思考の中心

に配置し，それを「文化的事実」と呼ぶのである。

　ジンメルは人間的制作の主観的意図が，客観化された作品の受容という局面において反映されることがないという事態を「悲劇」と捉えた。主観的制作は必ず挫折するというわけである。それに対してカッシーラーは客観化された作品の受容に関わる「汝」としての他の主体の存在に注意を促す（157頁以下）。未知の受容者としての「汝」は作品に新たな「意味」を付与することが潜在的には常に認められている。すなわち制作・作品の意味は閉じられていないのである（ちなみに受容という観点の強調はヴァールブルクとカッシーラーの共通点である）。そのためそれをジンメルのように「悲劇」として閉幕させることは傲慢な態度である。

　カッシーラーにとって「文化のドラマ」は「制作・作品」の流動性がもたらす「有意味性」（Bedeutsamkeit）のコンテクストとして理解される。制作された作品は他の主観である「汝」において「我」による初発的な制作の権威に還元されることのない「意味」を常に新たに付与することができる。この点で「汝」もまた「作品」に対し制作的な「我」として機能しうる。したがって「制作・作品」は解釈を刺激する客観でありながら「我」／「汝」が形成するそのつどのネットワークにおいてのみ存在しうるものである。それ以上に重要なのは，「我」と「汝」もまたそのつどのコンテクストに先立って存在する定点ではありえず，常に「制作・作品」という行為が生み出す「遊動空間」（Spielraum）に浮かび上がり沈み込む不安定な項であるという認識である。そこから「制作・作品」としての「文化的事実」の事実性とは「逸脱・延期・迂回の事実性」（122頁）だとされる。すなわち現在の「我」も未来の「汝」も，触媒的領域として現存する過去の「制作・作品」も——カッシーラーの言い方に忠実に——「実体」

（Substanz）としてではなく「機能」（Funktion）として，そのつどの文脈的関係性のもとでそれぞれ理解されなければならないのである。

　あらゆる実体化を拒否し，すべてを機能の相のもとに眺めること，（宮沢賢治風に言えば）「せはしくせはしく明滅」し続ける「因果交流電燈のひとつの青い照明」として「わたくし」も他者も流動化し，その結び目となるはずの「制作・作品」もまた，体系的な系統図を作成するものではなく，そのような固定化を拒否して再び意味の開放を行う運動であるさまを見届けること。こうした観点の徹底が，デカルト以来の主観客観の二元論の克服とともに，運動そのものを実体化してしまう「生の哲学」や「歴史哲学」からの離反をも促す。「それは弁神論の名における体系的な無害化という歴史哲学の戦略に抵抗し，同様に他方で，生の哲学的に警告を与えることの興奮にも抗う」（同頁）。文化を哲学的思考の中心へともたらすことは，このような関係主義的思考の徹底を意味している。

　このような方向転換と態度決定を促すのは，まさしく文化そのものの性格による。正確に言うならば，文化は細部においてそのダイナミズムを顕現させるというカッシーラーの（ヴァールブルクと，あるいはまた水差しの「取っ手」を驚くべき仕方で主題化することのできたジンメルとも共有していた）洞察が，細部への迂回を要求するその――「細密画法による精神現象学」（163頁）あるいは「哲学的細密画」（同）と呼ばれる――思考実践のあり方を規定しているのである。それはまた例えば体験・理解・解釈を軸とする（ディルタイ的な）解釈学モデルの思考法とも本質的に異なる狙いに基づくものである。

　　意味を諸対象の秘匿された最高の質として――解釈学的に――追い求めるのではなく，諸々の意味の由来と

構造を——機能主義的に——探求する。〔本質ではな
く〕その生起がまさしく記述されるべきなのである。
ひとつの意味から, 互いに関係づけられ, あるいは切
り離されながら, 排除し合うことすらあるような多数
の有意味性へと転換すること, 一言でいうと意味の生
へと方向を転換すること——それはひとつの徴候を
はっきり示すものであった。　　　　　　　　　　　（164 頁）

　こうして文化哲学は, カッシーラーとともに, 潜在的な
意味のコンテクストであり, 顕在化する意味の背後にある
有意味性を記述することとして定式化される。文化の意味
は解釈によって明示的に取り出されるものに限定されず,
制作・作品の無効化, 価値剥奪や忘却をも包括する（174
頁以下）。解釈的実践が問題なのではなく, むしろそのつ
ど解釈を促し駆り立てるような止揚されざる葛藤こそ, 文
化哲学の関心事なのだと言えよう。

6　迂回の肯定
——自然化の時代における文化哲学——

　コナースマンは（ジンメル的）生の哲学との対比により
特徴を際立て, そこからの離反に（カッシーラー的）文化
哲学の成立を見る。それはまた彼自身が持つ哲学史的な立
ち位置の設定でもある。とはいえ明らかなように, コナー
スマンのカッシーラー解釈とそれに基づいた哲学史的整理
に問題がないわけではない。そのカッシーラーはまずもっ
てヴァールブルク的カッシーラーである。すなわち主著
『象徴形式の哲学』で展開された体系的な精神哲学でも,
晩年の『人間』に見られる哲学的人間学でもなく, 『人文
学の論理』（1942 年）第 5 論文「文化の悲劇について」の

カッシーラーなのである。カッシーラーの仕事の全体を見
渡すならば，文化のコンテクスト性を極度に際立てるその
Werk 論へと還元できない要素をいくらでも指摘すること
ができよう。さらに，コナースマン的解釈の過剰さが鮮明
化するのは，ヘーゲル歴史哲学とカッシーラー文化哲学の
極端なまでの対立においてである。カッシーラーの反ヘー
ゲル主義はそれほど自明なものではない。

　これらの過剰解釈は「入門書」としてむろん適当なもの
ではないだろう。しかしこの書はそもそもカッシーラー哲
学の解説書ではない。それはコナースマンが考える文化哲
学という固有の思考法への導入であり，現代において文化
とは何かを考えるうえでの手引きとなることを狙ったもの
である。それゆえコナースマン『文化哲学入門』の読者に
とって問題なのは，そのカッシーラー解釈の一面性をあ
げつらうことでも，ブルーメンベルクの決定的な（しかし
コナースマン自身によっては語られることのない）影を看
取して満足することでもないはずである。そこでこの解
説の最後に，コナースマンによる文化理解の中心にあり，
本書の結論部にあたる第4章第3節で言及される「迂回」
（Umweg）というモチーフを取り上げたてみたい。

　「迂回現象としての文化」と題されたこの節ではまず，
近代への移行において生じた「迂回」（まわり道）に対す
る寛容と不寛容の態度が，それぞれモンテーニュとデカル
トを代表者として整理される。コナースマンはモンテー
ニュからカッシーラーへと連なる線を引くことで，現代的
な文化哲学のありうるべき姿を描写しようとする。生活世
界の諸現象を切り捨てることで獲得される直接的な知では
なく，偶然的なもの・断片的なものを意識することがなさ
れなければならない。

　「迂回現象」としての文化を主題として選択することは
哲学への諦めであり，思考の態度を根本的に変革すること

であった。それが文化哲学の要求にほかならない。最終的
な解決や救いにはならないかもしれないが「わたしたちは
まだまわり道ができる」ということにはある種の「慰め」
が残されていることが指摘され，本書は閉じられる。

　しかしながら，テクノロジーと結びついた自然科学の発
展がかつてよりいっそう著しい今日，かつてジンメルが診
断した「文化の悲劇」こそ，彼自身が経験することのな
かった物量と情報量の圧倒的な増大によってこれまでにな
いほど現実味を帯びている。わたしたちは決して無意味
ではないが不可欠であるというわけでもない（これもまた
ジンメル風の言い方だが）文化現象の充満と匿名性におい
て，自己を見出すことができなくなっている。文化の意味
が希薄化・貧困化し，「人間がつくる」という「文化」の
アスペクトが完全に後退する一方で，サイボーグ，遺伝
子操作，人工知能などの技術的発達や医療技術の進歩は，
むしろ世界によって「人間がつくられる」というポスト・
ヒューマン的世界観への強制的なシフトを予言する。今日
の自然主義的ないし実在論的な哲学の脱人間中心主義的傾
向，あるいは地質年代を「人新世」と観測することもま
た，ポストモダン的媒介過多への嫌悪とともに，人間的文
化への絶望によって後押しされているように思われる。文
化に対する不満あるいは不安が，まさにそこからの（例え
ば資本主義からの）出口を求めて人々を殺到させているよ
うに見える。その様子はあたかも諦めに徹するというより
も文化の煩わしさから離脱することへの新しい期待のよう
なものがますます駆り立てられているかのように思われる
のである。

　時代の（加速主義的な）趨勢をこのように理解するので
あれば，それに対して「文化哲学」はどのように応答する
ことができるのだろうか。差し迫った「危機」を前に，わ
たしたちには立ち止まる，あるいはどこかへまわり道する

ことなどはもはや許されていないようにも思われる。ある
いはそうした別様の選択がかすんでしまうほどの大いなる
「期待」——例えばその気になれば気候変動は解決できる
のだという自信——が出現してしまっているようにも見え
るとすれば、そうした状況において文化哲学的思索にはい
かなる位置がなお与えられうるのか。

　期待があまりにも過剰なものとなるとき、脱文化への期
待は再び戯画化・象徴化・神話化され、文化的なものを身
にまとう。文化に対して効果的に問いを立てることができ
るのはまさにそのような事態を目の当たりにするときだろ
う。文化哲学とはコンテクストの外部へとわたしたちを駆
り立てるものについて反省を行い、そこから適切に距離を
取ることで思考の方向を定めようとする態度である。現代
の自然主義的世界観や技術論が無自覚なのは、人間的文化
の領分を切り詰めあえて貧しくすることによって、そこか
らの離脱というかつての形而上学の夢を知らずに反復して
いることである。それに対して文化哲学は「文化的事実」
に信頼を置く。人は「作品」を「制作」する。その行為は
他者との人格的なコミュニケーションの実践である。その
客観化の行為においてはじめて、文化的自己は主体化す
る。「作品」はまた他の主体によって受容され、新たな意
味がそこに付与される。様々な「作品」が形成する意味の
ネットワークにおいてそのつどの極として自己と他者が現
成し、「人間」ないし「自然」という概念も有意味なもの
として（ときには脱コンテクスト化への希求の表現として）
機能しうるのである。危機への対処としての概念使用を文
化哲学は否定するものではないにしても、それは殺到する
流れから身を引き、距離を取ろうとする。このように視点
を定めることは、現状肯定の無責任な順応主義ではなく、
きわめて批判的・哲学的な実践となる。

　自然主義的なアプローチに基づいて人間とは何かと問う

のではなく，迂回を本質化して文化の問いを哲学的に問う
ことは，こうしたあまりにも人間的な，しかもまたあまり
にも反人間的な，ある意味で救いのない世界に留まり，継
承か清算かの二者択一の決断要求のまえで立ち止まりなが
ら，わたしたちを取り巻くそうした世界の方から，わたし
たち自身について妥協することなく考え抜こうという決意
表明である。洞窟からの出口を求めて奮闘するのではな
く，迂回路を発見して選び取る。多重に絡まりあったコン
テクストを開きながら，そのなかで別の可能性を探し出
す。思考の方向をこのようにあえて再設定するにはそれな
りの勇気が必要だろうが，文化哲学の可能性はまさにその
ための「思い切り」を与えてくれるに違いない。

　このたびの翻訳にあたって，文化哲学研究会にて訳文と
内容に関する徹底的な検討の機会を得ることができたのは
幸いであった。そのつどの議論のなかで発見したものも実
に多い。皮肉なことに，コロナ禍で整備されたオンライン
環境があればこそ継続が成った研究会ではあるが，いずれ
にしても文哲研メンバーとの親身なやり取りがなければ本
訳書の完成も困難であったに違いない。また，知泉書館の
齋藤裕之氏には出版にあたり多くの励ましとアドバイスを
頂戴した。文化哲学研究の意義を深く理解し，翻訳出版の
機会を与えていただいたことについて，この場を借りて厚く
感謝の意を表したい。

　2021 年 11 月

　　　　　　　　　　　　　　下田　和宣

人 名 索 引

事 項 索 引

下田　和宣（しもだ・かずのぶ）

1981 年静岡県生まれ（旧姓：石川）。学習院大学，京都大学大学院を経て，ドイツ留学（ボッフム大学，キール大学）。現在，成城大学文芸学部ヨーロッパ文化学科准教授。著書に『宗教史の哲学──後期ヘーゲルの迂回路』（京都大学学術出版会，2019 年）。主要論文に「背景化する隠喩と隠喩使用の背景──ブルーメンベルクをめぐるひとつの哲学的問題系」（『哲學研究』606 号，2021 年），「ブルーメンベルクにおける宗教受容の哲学」（『宗教研究』399 号，2020 年）など。

〔文化哲学入門〕　　　　　　　　　ISBN978-4-86285-360-8

2022 年 4 月 15 日　第 1 刷印刷
2022 年 4 月 20 日　第 1 刷発行

訳　者　下　田　和　宣
発行者　小　山　光　夫
印刷者　藤　原　愛　子

発行所　〒 113-0033 東京都文京区本郷 1-13-2　　株式
　　　　電話 03 (3814) 6161 振替 00120-6-117170　会社　知泉書館
　　　　http://www.chisen.co.jp

Printed in Japan　　　　　　　　　　　印刷・製本／藤原印刷